DELIUS KLASING

JÜRGEN LÖHLE

"Ihr elenden Mörder"

KURIOSE GESCHICHTEN VON DER TOUR DE FRANCE

DELIUS KLASING VERLAG

Inhalt

Prolog

Die Tour de France ist ein Radrennen – das könnte man durchaus so sagen, es wäre aber ein wenig zu kurz gesprungen. Etwa so wie: Wimbledon ist ein Tennisturnier, der Große Preis von Monaco ein Autorennen und der Ironman auf Hawaii ein Triathlon. Stimmt natürlich alles – und auch wieder nicht, weil all diese Veranstaltungen eben auch weltweit strahlende Monumente des Sports sind. Und manchmal auch mehr. Über die Tour de France sagen zum Beispiel viele, eigentlich sei sie ein Autorennen mit Radprofis als Behinderung. Oder so etwas wie ein Verkehrsinfarkt auf Reisen. Manche stempeln die Tour gern als das letzte große sportliche Abenteuer für Radrennfahrer und Zuschauer. All das trifft es natürlich auch.

Nüchtern betrachtet ist die Tour de France das größte mobile Sportereignis der Welt und das drittgrößte nach den Olympischen Spielen und Fußballweltmeisterschaften. Die 21 Etappen bewegen alljährlich Menschen und Millionen, schaffen Sieger und Verlierer, Stars und tragische Figuren. Als 2003 die Tour 100 Jahre alt wurde, erschienen Geschichtsbände, die waren so dick und schwer, dass man sie nur am Tisch lesen konnte, weil sie einen im Bett erschlagen hätten. Spätestens da war klar, dass dieses Radrennen unentwegt Geschichten produziert, die weit über das Nacherzählen eines Renntages hinausgehen. In Frankreich hat man das wortreiche Fabulieren darüber kultiviert; kaum ein Schriftsteller oder Philosoph, der etwas auf sich hält, hat nicht über die Tour geschrieben. Da unterscheidet sich die Frankreichrundfahrt gewaltig vom Giro d'Italia oder der Vuelta in Spanien. Beide Rennen sind vom Profil her vor allem in jüngerer Zeit oft noch härter, die Etappen schwerer. Aber die großen Geschichten werden über die „Grande Boucle“ erzählt, und genau dafür wurde sie ja 1903 von dem Verleger Henri Desgrange aus der Taufe gehoben: als Marketinginstrument für die Zeitschrift *L'Auto-*

Manche stempeln die Tour gern als das letzte große sportliche Abenteuer für Radrennfahrer und Zuschauer.

Vélo – später *L'Auto*, und aus der entstand dann die *L'Équipe*. Und *L'Auto* schrieb mit dickem Pathos über die wackeren „Helden der Landstraße“, damit die Auflage ebenso wacker stieg.

So entstanden über Generationen hinweg Geschichten, die so ziemlich alles sein konnten. Heldenepen oder rührselige Dramen von tragischen Verlierern und Opfern. Aber eben auch Storys über Heiteres und Kurioses – und genau von diesen Ereignissen handelt dieses Buch. Die Tour de France kurios – Anekdoten, die einem ein Lächeln oder Staunen ins Gesicht zaubern. Manchmal aber auch ein nachdenkliches Schaudern, wenn es um Doping geht. Viele Episoden, allerdings ohne den Anspruch auf Vollständigkeit. Auch dieses Buch kann nicht alle Kuriositäten aus der über 100-jährigen Tourgeschichte aufzählen. Dazu sind es zu viele, und vor allem ist bei manchen die Grenze zwischen Dichtung und Wahrheit doch ziemlich fließend. Ein wunderbares Beispiel dazu vornweg: In den 1970er-Jahren war es durchaus üblich, den Dopingkontrolleuren den Urin einer anderen Person unterzujubeln, den man in Beuteln am Körper trug und dann in die Probenfläschchen füllte. Fakt ist, dass der Belgier Michel Pollentier 1978 als Führender der Gesamtwertung bei so einem Versuch in Alpe d'Huez erwischt und disqualifiziert wurde. Hartnäckig hält sich zudem das Gerücht, dass damals noch ein anderer Profi auffiel – dem gratulierten die Kontrolleure nach dem Ergebnis der Tests allerdings herzlich zur Schwangerschaft ... Da kann man nur sagen: Augen auf bei der Urinauswahl. Ob diese Geschichte wahr ist? Nichts Genaues weiß man nicht.

Reine Spekulationen gibt es in diesem Buch aber nur wenige, und die sind dann auch als solche gekennzeichnet. Die meisten hier wiedergegebenen Kuriositäten sind faktisch belegt. Besonders die jüngeren Datums. Und dann legen wir jetzt mal los.

Auf der Straße

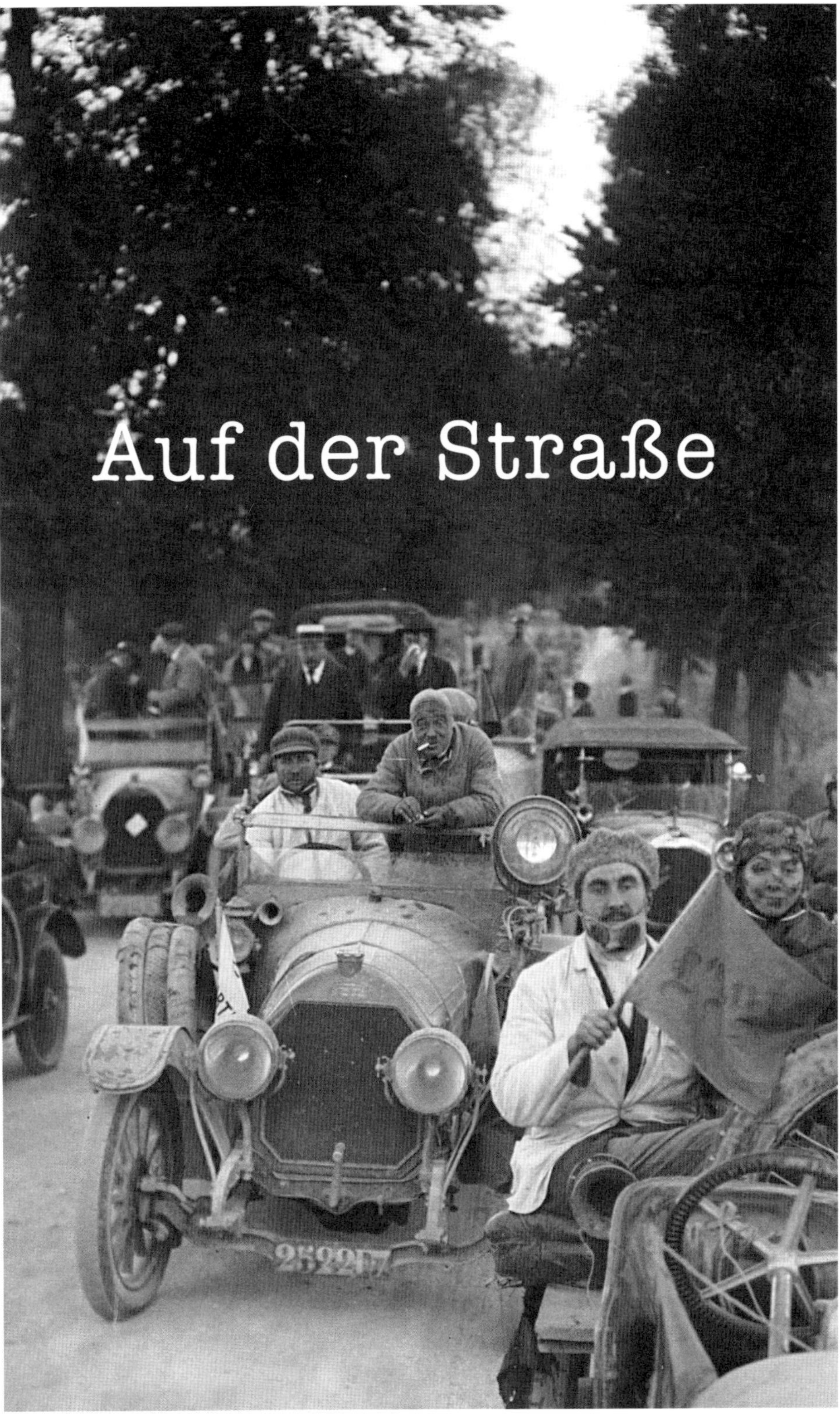

Die Anarchie der Gründertage

Die Tour wird heute ja gern als großes, hektisches, kaum zu kontrollierendes Spektakel erlebt. Besonders in den Bergen, wenn die Zuschauer wie wild gewordene Kastenteufel brüllend neben den Radlern herrennen, schütteln viele am Fernseher nur den Kopf. Was für ein Theater, was für ein Stress, und warum regen sich die Leute denn um alles in der Welt so auf? Was passiert da, wenn der ansonsten eher distinguierte Verwaltungsbeamte plötzlich mit geballten Fäusten am Straßenrand hüpft und zuckt, als hätte er die Finger in der Steckdose, und dabei mit schrecklich verzerrtem Gesicht brüllt, dass man kaum noch die Hupen der Autos hört? Es ist wohl einfach die Faszination des archaischen Kampfes der Männer mit der Straße, die die Leute packt und ausflippen lässt. Wenn sich die Profis schon so schinden, dann muss auch ich alles geben. Manche wollen aber auch nur schlicht ins Fernsehen.

Aber eines ist auch klar: Was wir heute als Massenevent erleben, war in den Gründertagen der Tour nicht mehr als ein besserer Kindergeburtstag. Exemplarisch dafür war gleich die zweite Tour 1904. Aus heutiger Sicht lief die so kurios, dass sie es heutzutage beinahe jeden Tag in die Spitzenmeldungen der Tagesschau schaffen würde. Schon nach der ersten Etappe von Paris bis Lyon ließ Tourchef Henri Desgrange den Etappenzweiten Chevalier disqualifizieren, weil er ein gutes Stück der 476 Kilometer in einem Auto gesessen hatte. Im weiteren Verlauf des Rennens wurden Fahrer von Zuschauern bedroht oder sogar verprügelt. Maurice Garin, der Sieger der ersten Tour de France ein Jahr zuvor, wurde auf der Etappe nach Marseille in der Gegend von St. Etienne von Zuschauern mit Knüppeln niedergeschlagen, weil er mit zwei anderen auf der Verfolgung von Lokalmatador Alfred Faure war. Um die Leute zu „beruhigen“, schoss der Rennleiter Géo Lefèvre mit seiner Pistole immer wieder in die Luft. An dieser Geschichte kann man übrigens wunderbar sehen, wie trüb doch manchmal die Quellen sind. Von den Schüssen berichteten viele; es gibt aber auch Quellen, die schreiben, dass damals Tourchef Henri Desgrange persönlich und nicht sein Rennleiter Lefèvre geschossen habe. Wie auch immer – so ein Vorfall würde heute das sofortige Ende des Rennens bedeuten.

Von da an war die Tour 1904 dann eine einzige Skandalfahrt. Überall an der Strecke gingen „Lokalpatrioten“ auf Fahrer aus anderen Regionen los, streuten Nägel auf die Straße oder schlugen sogar zu. Garin wurde dann auch noch einmal im Südwesten von Zuschauern verprügelt. Alfred Faure gab danach seine Startnummer ab und fuhr nach Hause: „Ich habe keine Lust, auf dem Weg nach Paris umgebracht zu werden.“ Auch die Fahrer waren sich untereinander nicht grün und streuten selbst Nägel hinter sich aus, um der Konkurrenz möglichst wirkungsvoll zu schaden. Da man sich nicht helfen lassen durfte, war so ein Reifenschaden mit einem gewaltigen Zeitverlust verbunden. Die Tour gewann dann wie im Jahr zuvor der zweimal niedergeschlagene Garin – aber sein Erfolg hielt nur kurz. Fünf Monate später, Anfang Dezember 1904, kassierte der französische Radsportverband das Klassement und disqualifizierte nachträglich 29 der 87 gestarteten Fahrer wegen Vergehen wie unerlaubtes Fahren mit dem Auto oder auch mit der Eisenbahn, verbotene Verpflegung oder Windschattenfahren. Unter den für die Fahrer belastenden Aussagen war auch die, nach der einige Fahrer einen Flaschenkorken auf einen Draht aufgezogen hätten, der wiederum mit einem Auto verknüpft worden sei.

Überall an der Strecke gingen „Lokalpatrioten“ auf Fahrer aus anderen Regionen los, streuten Nägel auf die Straße oder schlugen sogar zu.

Den Kork zwischen den Zähnen, hätten sie sich von den Autos ziehen lassen und dabei darauf vertraut, dass dies unbemerkt bleibe, weil sie ja die Hände am Lenker hatten. Kurzum, die ganze Tour war ein einziger kurioser Skandal.

Unter den nachträglich Bestraften waren auch die ersten vier des Gesamtklassements. Maurice Garin beendete daraufhin mit 32 Jahren erbost seine Karriere, beklagte aber bis zu seinem Tod 1957 die aus seiner Sicht grobe Ungerechtigkeit, die ihm da widerfahren sei. Sieger der zweiten Tour wurde so der im Juli 1904 erst 19-jährige Henri Cornet, der damals als Fünfter in Paris gut drei Stunden Zeitrückstand auf Garin hatte. Cornet gehörte nicht zu den Großen der Szene und konnte später bei der Tour als bestes Ergebnis einen achten Platz erringen, ist aber bis heute der jüngste Toursieger. Den Platz in den Geschichtsbüchern dürfte er auch behalten. Die Tour de France stand nach dieser kuriosen Nummer übrigens bereits nach der zweiten Auflage vor dem Aus. Henri Desgrange schrieb unter dem Titel „Das Ende“ einen resignierten Abgesang in seinem Blatt. In diesem Leitartikel hieß es wörtlich: „Ich befürchte, die zweite Auflage der Tour ist auch zugleich die letzte. Sie ist an ihrem Erfolg zugrunde gegangen, und an den nicht zu zügelnden Leidenschaften, die sie entfesselt hat.“ Aber schon kurze Zeit später bereitete er die Tour 1905 vor. Es war dem alten Fuchs schnell klar geworden, dass vor allem die Skandalstorys für seine Zeitung *L'Auto* eine wunderbare Wirkung hatten. 1903 verkaufte er 20.000 Exemplare, zwei Jahre später war die Auflage auf 100.000 gestiegen. Und aus keinem anderen Grund hatte Henri Desgrange die Tour de France schließlich gegründet.

Dass Zuschauer die Radfahrer körperlich angehen, ist heute zum Glück nur noch ganz selten der Fall. Es traf in der jüngeren Geschichte vor allem den vierfachen Toursieger Christopher Froome, dem die Fans das monatelange juristische Rumgeeiere nach einer positiven Dopingprobe verübelten. Am Ende stand zwar ein Freispruch, aber keiner, der so richtig überzeugen konnte. All das ist natürlich kein Grund, Rennfahrer wie im Fall Froome mit Urinbeuteln zu bewerfen. In der Gründerzeit der Tour gingen die Angriffe jedoch auch nach 1904 noch munter weiter. Manchmal trafen sie dann auch Leute, die eigentlich mit der Tour der Berufsradfahrer überhaupt nichts zu tun hatten. Es war damals so, dass das Rennen nicht auf abgesperrten Straßen lief und dass sich Amateure unter die Profis mischen durften, ganz legal. Wer sich anmeldete, konnte mitfahren, ganz einfach.

So startete zum Beispiel 1907 ein gewisser Baron Henri Pépin de Gontaud. Der Mann hatte Geld, seine Form dagegen war eher nicht renntauglich. Der Herr Baron engagierte deshalb zwei Berufsfahrer als Helfer, darunter Jean Dargassies, den Vierten der Tour 1904. Einer Quelle zufolge zahlte Pépin de Gontaud dem Schmied aus dem Languedoc so viel, wie er als Sieger der Tour erhalten hätte. Zu den Essenszeiten fuhren die beiden professionellen Helfer voraus und orderten in einem sehr guten Restaurant ein opulentes Mahl für den adligen Radler, der sich dann direkt vom Sattel an einen reich gedeckten Tisch setzen konnte. Übernachtet wurde in den besten Häusern an der Strecke. Von solchem Luxus konnten die anderen Teilnehmer, inklusive der Spitzenprofis, natürlich nur träumen. Wer von sich aus nicht gut betucht war und auch keine Chance auf ein Preisgeld hatte, für den war die Tour eine echte Herausforderung, da Desgrange zu Beginn nicht einmal die Hotels bezahlte. Es soll Profis gegeben haben, die nach der Zieldurchfahrt Ansichtskarten verkauften, andere machten Kunststückchen wie Rückwärtssaltos auf dem Marktplatz und gingen danach mit dem Hut Geld sammeln. Wohlgemerkt, nach oft 16 Stunden Rennen.

Falscher Bart und falsche Brille

Dass es bei der Tour zwei Klassen von Rennfahrern gab, hielt sich noch recht lange. 1930 stellte Henri Desgrange das Rennen radikal um. Da seit 1913 außer Henri Pélissier im Jahr 1923 kein Franzose mehr die Tour hatte gewinnen können und die Auflage seiner Zeitschrift *L'Auto* mit der Zeit sogar während des Rennens zu sinken begann, änderte der Tour-Gründer den Austragungsmodus. Statt wie bisher von Fahrradherstellern gesponserter Einzelstarter traten nun Nationalmannschaften gegeneinander an. Desgrange glaubte, dass die Franzosen mehr starke Profis als andere Nationen in einer Mannschaft würden bündeln können und dass so am Ende ein Franzose gewinnen würde. So kam es dann auch. André Leducq beendete nach 17 Jahren die sieglose Serie der Franzosen. Desgrange war damals der Meinung, dass eigentlich nur fünf Nationen in der Lage seien, eine würdige Nationalmannschaft für die Tour aufzubieten. Neben Frankreich waren das noch Belgien, Italien, Deutschland und Spanien. Alle anderen Nationen durften zwar in teilweise gemischten Teams ebenfalls teilnehmen, ihre Fahrer bekamen aber die Hotels nicht bezahlt und waren so eher Profis zweiter Klasse. Und damit sie die Stars auch ja nicht behinderten, mussten sie zehn Minuten nach den großen Teams starten. 1931 ist ihm diese Regelung aber sauber auf die Füße gefallen: Max Bulla fuhr bei der zweiten Etappe aus der Gruppe der zweiten Garde heraus die beste Zeit, überholte die vor ihm Gestarteten aus den großen Nationalmannschaften und eroberte das Gelbe Trikot. Als erster Österreicher übrigens. Der Profi aus Wien gewann dann noch einmal zwei Etappen, und Desgrange musste reagieren. Der Tourchef sorgte schließlich dafür, dass Bulla im Jahr darauf mit der deutschen Mannschaft starten durfte.

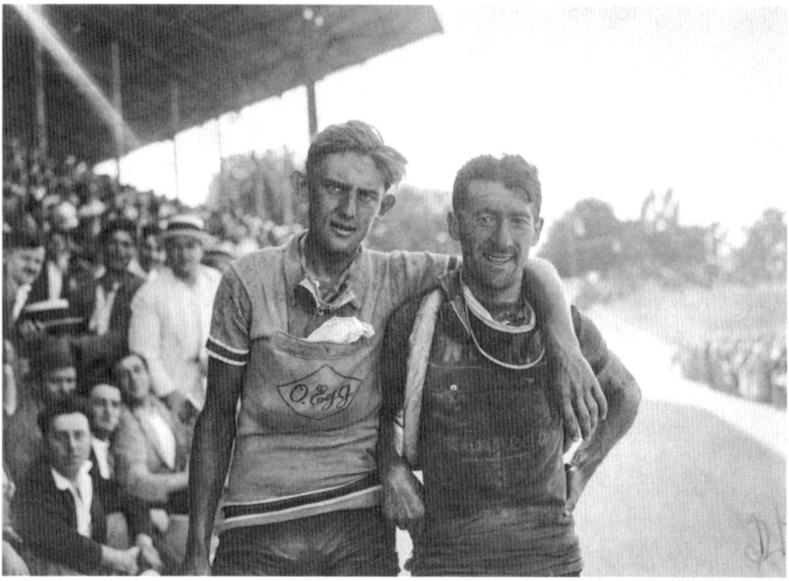

Max Bulla (links) war der erste Österreicher im Gelben Trikot – und einer, der die Avantgarde ärgern konnte.

Eine Etappe konnte er zwar nicht wieder gewinnen, als Mitglied der deutschen Mannschaft genoss er aber den Sonderstatus mit bezahlter Unterkunft und gutem Essen.

Das war damals schon erstrebenswert, denn Reichtümer waren für die Leute aus der zweiten Reihe nicht zu verdienen. Die Fahrer waren dankbar für jedes Gratisessen oder ein kühles Getränk. Allerdings mussten die Profis schon aufpassen, was sie so alles annahmen. 1910, als die Tour zum ersten Mal über die Pyrenäenriesen führte, lag Paul Duboc in Führung, als er bei einer Pause plötzlich leichenblass im Straßengraben liegen blieb und sich ständig übergeben musste. Duboc hatte von einem Zuschauer eine Wasserflasche angenommen, in der auch ein Gift gewesen sein soll, hieß es. Nach einer Stunde fuhr er zwar weiter, erreichte das Ziel aber mehr schlecht als recht als Letzter.

Die Chance auf den Gesamtsieg war perdu, da ging nichts mehr. Nutznießer des vermuteten Anschlags auf Duboc war Gustave Garrigou, der nun die Spitze übernahm. Ein normaler Vorgang im Sport, aber schnell entstand die Verschwörungstheorie, Garrigou stecke hinter der präparierten Flasche, von der man bis heute nicht mal weiß, ob es sie überhaupt gegeben hat. Dass Garrigou ihn vergiften wollte, glaubte zwar nicht einmal Duboc, aber als die Tour sich in Richtung Rouen, Dubocs Heimatstadt, bewegte, war allen klar, dass Garrigou in großer Gefahr war. Und so kam es zu einem bis heute einmaligen Kuriosum: Gustave Garrigou wurde eine dicke Brille aufgesetzt, ein falscher Bart angeklebt, und sein Rad wurde in einer anderen Farbe lackiert. Da der Führende damals noch kein Gelbes Trikot trug, war der verkleidete Garrigou für die aufgebrachten Menschen in Rouen nicht zu erkennen. Die Sache ging gut, Garrigou gewann die Tour. Duboc war übrigens schnell wieder auf dem Damm, gewann danach noch zwei Etappen und wurde am Ende noch Gesamtzweiter. Das Gift konnte also nicht besonders aggressiv gewesen sein. Wenn es denn überhaupt eines gegeben hatte.

Die Straßen der Tour waren auch schon immer ein beliebter Ort, um politische Botschaften loszuwerden.

Die Straßen der Tour waren auch schon immer ein beliebter Ort, um politische Botschaften loszuwerden. Aufmerksamkeit war den Demonstranten stets gewiss. In den Anfängen wurde über sie geschrieben, heute kommt eine geschickt inszenierte Aktion live ins Fernsehen, was natürlich auch völlig unpolitische Spinner anlockt. So wie den Mountainbiker und Stuntradler Alexis Bosson, der auf der zehnten Etappe der Tour de France 2018 quer über die Straße und über eine Ausreißergruppe um den Führenden Greg van Avermaet hinwegsprang. Die Profis waren gerade im Aufstieg zum Plateau des Glières, als der Mountainbiker plötzlich – von einer Rampe katapultiert – über ihnen durch die Luft flog. Verletzt wurde niemand, die meisten

Profis waren so konzentriert, dass sie es gar nicht bemerkt haben. Das Video auf YouTube wurde aber ein großer Erfolg. Schwachsinn war die Aktion natürlich trotzdem – und ganz sicher keine Demo für irgendetwas Wichtiges.

Die gab es natürlich auch. Aber manchmal sorgen leider auch berechtigte Proteste für traurige Momente. So einen gab es 1982 im Norden Frankreichs. Die Tour rollte durch die Region Hauts-de-France, unweit der belgischen Grenze. In diesem Teil der Republik ist das wirtschaftliche Glück nicht gerade zu Hause, die Stahlindustrie hatte damals große Probleme, es gab wenig Arbeit, die Jungen zogen weg, viele Dörfer wurden zu freudlosen Altersheimen. Die Tour de France sollte da für ein paar Stunden buntes Leben in das Alltagsgrau bringen. Die fünfte Etappe war als Mannschaftszeitfahren von Orchies nach Fontaine-au-Pire geplant. Der Zielort war ein Dorf mit damals 1.250 Einwohnern, eigentlich viel zu klein für die Tour. Aber es gab dort noch Leben und Energie, und man hatte sich geschlossen und mit aller Kraft für die Tour starkgemacht. An diesem 7. Juli freuten sich alle auf die großen Stars um Nationalheld Bernard Hinault, die im 73 Kilometer entfernten Orchies als Teams zum Zeitfahren auf die Strecke gingen. Allerdings kamen die Teams nur 18 Kilometer weit, dann blockierten wütende und enttäuschte Stahlarbeiter die Strecke. Eine große Eisenhütte hatte die Schließung zum Ende des Jahres verkündet, Hunderte sollten ihren Job verlieren, die eh schon benachteiligte Gegend drohte vollends zum Armenhaus zu werden. Tourchef Jacques Goddet eilte mit seinem Rennleiter Félix Lévitan an die Strecke und versuchte, die Protestierenden zu beruhigen. Ohne Erfolg. Aber die Polizei zum Räumen aufzufordern, das wollte er auch nicht. Mit Transparenten und Menschenketten blockierten die Stahlarbeiter weiter die Straße, die Teams mussten ausweichen oder kurzzeitig absteigen, ein reguläres und faires Rennen war jedenfalls nicht möglich. Schließlich ließ Goddet die Etappe abbrechen, der Tag wurde annulliert, das Mannschaftszeitfahren um ein paar Tage verschoben.

Das ging damals, weil zwei Halbetappen an einem Tag durchaus noch üblich waren. Als die Nachricht im Zielort Fontaine-au-Pire ankam, brach dort eine Welt zusammen. Monatelang hatten viele ehrenamtlich gearbeitet, das Dorf war herausgeputzt, ein Fest am Laufen, aber keiner sollte kommen. Ein paar Stunden später hellte sich die Stimmung aber doch wieder etwas auf. Goddet ließ dem Bürgermeister ausrichten, dass die Tour dann eben ein Jahr später in diesem Örtchen vorbeischauen würde. Heute wäre so etwas unmöglich, die moderne Tour würde so einen Mini-Zielort wohl kaum akzeptieren, es sei denn, der Ort hätte eine große Tradition und einen solventen Sponsor. Fontaine-au-Pire hatte weder noch. Aber Goddet hielt Wort: 1983 hieß die dritte Etappe Soissons–Fontaine-au-Pire. Wieder war es ein Mannschaftszeitfahren, es führte über 100 Kilometer, und die Teams kamen unter dem Jubel der Menschen auch alle im Ziel an.

Sekundenspiele

Die Tour de France wird in den Bergen entschieden. Oder beim Zeitfahren. Vielleicht auch noch durch einen Sturz, aber doch nicht auf der letzten Etappe in Paris. So könnte man meinen, und seit vielen Jahren ist das Finale auf den Champs-Élysées auch ausschließlich die Schaubühne der Sprinter. Der Sieger der Tour steht dagegen spätestens einen Tag vorher fest. Wer am Samstag vor Paris das Gelbe Trikot trägt, wird, so das ungeschriebene Gesetz, nicht mehr angegriffen – und sei sein Vorsprung auch noch so klein. Das war aber nicht immer so, und deshalb kam es 1989 zu einem kuriosen Finale, zu einem Wechsel des Gelben Trikots im allerletzten Moment und zu einem Toursieger, der nach knapp 3.300 Kilometern und einer Gesamtfahrzeit von etwa 88 Stunden um minimale acht Sekunden vorn lag.

Das Kuriose war aber vor allem das Wie. Die Tour ist ja immer schon ein Kosmos der „harten Männer" gewesen. Radfahren bedeutete: treten, bis der Arzt kommt. Punkt. Schnickschnack wie Aerodynamik hatte da keinen großen Platz. Greg LeMond interessierte dieses archaische Radheroen-Bild allerdings nicht besonders. Der Amerikaner hatte 1986 als erster Profi aus den USA die Tour gewonnen. Dann pumpte ihm sein Schwager bei der Jagd mit einem versehentlich gelösten Schuss eine Ladung Blei in den Bauch. LeMond überlebte und kehrte 1989 zur Tour zurück. Während seiner langen Pause hatte er sich viele Gedanken um das Radfahren gemacht. Seine Erkenntnis: Vorsprung durch Technik. Am letzten Tag der Tour lag der Amerikaner dennoch 50 Sekunden hinter dem Franzosen Laurent Fignon zurück. Das Finale war in diesem Jahr aber keine normale Etappe, sondern ein kurzes Einzelzeitfahren über 24,5 Kilometer. Eine knappe Minute und nur 24,5 Kilometer Strecke: Da musste schon viel passieren, damit

Fignon die Tour noch verlieren konnte. Es passierte tatsächlich. Und diese Bilder gingen um die Welt: Da kurbelte Fignon auf einem Rad mit zwei Scheibenrädern und einem Querlenker, aber ohne Helm und mit schütter wehendem Haar. Danach kam LeMond, zusammengekauert über einem Triathlonlenker und auf dem Kopf einen Helm, der über seinem Genick spitz zulief. Heute ist das aerodynamischer Standard, damals bekam die Szene den Mund nicht mehr zu, ob des ganzen neumodischen Krams.

LeMond war es egal. Er nahm dem Liebling der Franzosen auf der kurzen Strecke ganze 58 Sekunden ab und gewann die Tour mit acht Sekunden, also dem knappsten Vorsprung bis dahin und bis heute. Für die Franzosen ein Tag zum Vergessen und für viele Journalisten der reinste Horror. Das Siegerporträt war natürlich schon geschrieben und jetzt komplett wertlos. Statt nach drei Wochen die Tour entspannt auslaufen lassen zu können, musste die Presse noch mal ran – und das

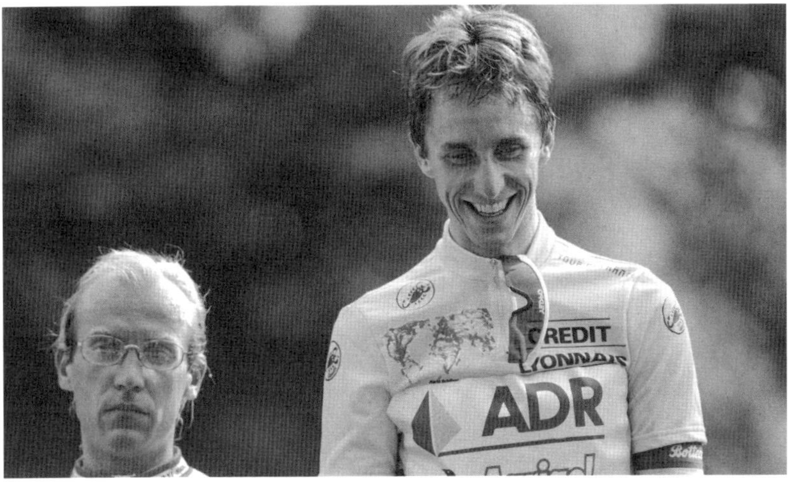

Schöner leiden geht nicht: Laurent Fignon versucht gar nicht erst, seine Enttäuschung über die Niederlage auf der letzten Etappe gegen Greg LeMond zu verbergen.

nicht wie heute bequem auf dem Laptop, sondern auf klappernden Schreibmaschinen.

Acht Sekunden sind nach drei Wochen Radrennen natürlich wirklich so gut wie nichts. Am Ende des Klassements geht es dagegen entspannter zu; der Letzte der Tour de France hat in Paris einen Rückstand von mehreren Stunden. Der letzte Platz ist übrigens auch begehrt, weil man damit ziemlich bekannt werden kann. Während der Tour bekommt der aktuell Letzte täglich die „Lanterne Rouge“, die Rote Laterne, die sich manche bei der finalen Etappe in Paris dann auch tatsächlich ans Rad binden. Früher waren diese Letzten beliebte Stars. Um die Rote Laterne wurde regelrecht gekämpft, was oft zu stundenlangen Stehversuchen vor der Ziellinie führte. Heute muss man schon taktisch vorgehen, um die Ehre des Schlusslichts gewinnen zu können. Da es ein Zeitlimit gibt, muss der Rennfahrer sehr genau ausrechnen, wann er im Ziel sein muss, um gerade noch in der Wertung zu bleiben und gleichzeitig keinem anderen die Chance zu geben, noch schlechter zu sein. Der Belgier Wim Vansevenant war ein absoluter Meister seines Fachs und wurde zwischen 2006 und 2008 dreimal Letzter der Tour, was vor ihm und nach ihm keinem sonst gelang. Einer der kuriosesten Kämpfe um den letzten Platz fand aber beim Giro d’Italia. statt. Dort wurde zwischen 1946 und 1951 ein schwarzes Trikot für den Letzten vergeben. 1951 versuchte ein gewisser Luigi Malabrocca Zeit zu schinden, indem er sich auf einer Etappe unter anderem in Kneipen versteckte. Am Ende brauchte er für ein 40 Kilometer langes Zeitfahren unglaublich lange 3:15 Stunden. Das ist ein Zwölferschnitt, den jede Senioren-Radwandergruppe locker toppt. Man hat daraufhin diese Wertung beim Giro wieder abgeschafft.

Während der Tour bekommt der aktuell Letzte täglich die „Lanterne Rouge“, die Rote Laterne, die sich manche bei der finalen Etappe in Paris dann auch tatsächlich ans Rad binden.

Natürlich ist der Kampf vorn deutlich spannender als der am Ende eines Feldes. Und wie man die Jagd auf ein begehrtes Ehrentrikot der Tour wirklich packend inszenieren kann, zeigte der Zeitfahr-Spezialist Tony Martin bei der Tour 2015 – wenn auch sicherlich nicht ganz freiwillig. Der Polizeimeister konzentrierte sich damals komplett auf seinen großen Traum Gelbes Trikot. Beim einzigen Zeitfahren der Grande Boucle in diesem Jahr gleich zum Auftakt rast er dann zwar eine Sekunde schneller als sein Schweizer Erzrivale Fabian Cancellara über die glühend heißen Straßen von Utrecht, das Gelbe Trikot schnappt sich aber Rohan Dennis. Der Australier ist als ehemaliger Stundenweltrekordler ein guter Zeitfahrer, jedoch sicher nicht der Favorit. So schnell will Martin aber nicht aufgeben. Tags darauf verpasst er dann sein Ziel um drei Sekunden, weil ihm Cancellara durch eine Zeitgutschrift im Zielsprint vier Sekunden abgenommen hat. Wieder einen Tag später ist er bis auf eine Sekunde dran an Gelb, diesmal überholt ihn der spätere Gesamtsieger Chris Froome an der Mauer von Huy. Aber dann kommt doch noch sein großer Tag: Martin attackiert aus der Spitzengruppe heraus kurz vor dem Ende der mit 235 Kilometern längsten und extrem harten Kopfsteinpflaster-Etappe ins französische Cambrai und verteidigt im Ziel drei Sekunden Vorsprung vor John Degenkolb, dem er damit den Traum von dessen erstem Etappensieg bei der Tour vermasselt. Dem Wahlschweizer bringt die finale Härte das ersehnte Gelbe Trikot, das er dann nach nur einem Genusstag – durch einen Sturz mit offenem Schlüsselbeinbruch auf der sechsten Etappe – schon wieder an Chris Froome verliert. So hart er dafür gekämpft hat, so schnell ist es gleich wieder weg. Künstlerpech. Trotzdem war dieser Kampf für ihn „ein Highlight und meine besten zwei Tage im Radsport", wie er hinterher sagte. Das Trikot hängt nun sogar in seinem Haus am Schweizer Bodenseeufer an der Wand; seine immerhin vier WM-Trikots vom Einzelzeitfahren lagert er dagegen in einem Karton. Auch das zeigt, wie wichtig die Tour in den Augen der Profis ist.

Um die Tour zu ärgern – die DDR verschiebt die Friedensfahrt 1987

Die Tour und die Politik – das will auf den ersten Blick nicht so wirklich zusammenpassen. Anders als bei Fußballweltmeisterschaften oder Olympischen Spielen wird das Spektakel auch deutlich weniger als Plattform für politische Auseinandersetzungen benutzt, mit Ausnahme vielleicht in der weltweiten Anti-Doping-Diskussion. Es gab aber einen Fall, da griff die Tour direkt in die Politik ein. Kurioserweise in die der DDR. 1987, Grand Départ in West-Berlin. Der Auftakt des bedeutendsten Radrennens der Welt wurde pünktlich zum 750-Jahr-Jubiläum der geteilten Stadt nach Berlin vergeben, trotz aller Hindernisse, die es damals noch gab. Den Machern der Tour war klar, dass sie nach dem Prolog und den beiden Etappen in Berlin-West die Reise zum nächsten Etappenstart nach Karlsruhe mit dem Flugzeug würden antreten müssen. Die DDR verweigerte dem Tross die Durchfahrt. Überhaupt war man im Osten alles andere als erfreut über das westliche Spektakel im Jubiläumsjahr Berlins, das ja auch die DDR in ihrer Hauptstadt groß feiern wollte. Manfred Ewald, der höchste Sportfunktionär der DDR, gab empört zu Protokoll, die Tour de France sei der Versuch „gewisser reaktionärer westlicher Kreise, durch große Manifestationen in West-Berlin den Wert der 750-Jahr-Feier in Berlin als Hauptstadt der DDR herabzumindern." Und so schaute man aus dem Osten pikiert auf den Aufzug der Profiradler im Westteil der Stadt. Und dann wurde es kurios: Ewald gelang es, die ursprüngliche Streckenführung der Friedensfahrt zu verändern. So startete das Amateur-Pendant zur Tour nicht wie geplant in Warschau, sondern ebenfalls in Berlin. Frei nach dem Motto: Was ihr könnt, können wir schon lange! 5.000 Tauben stiegen

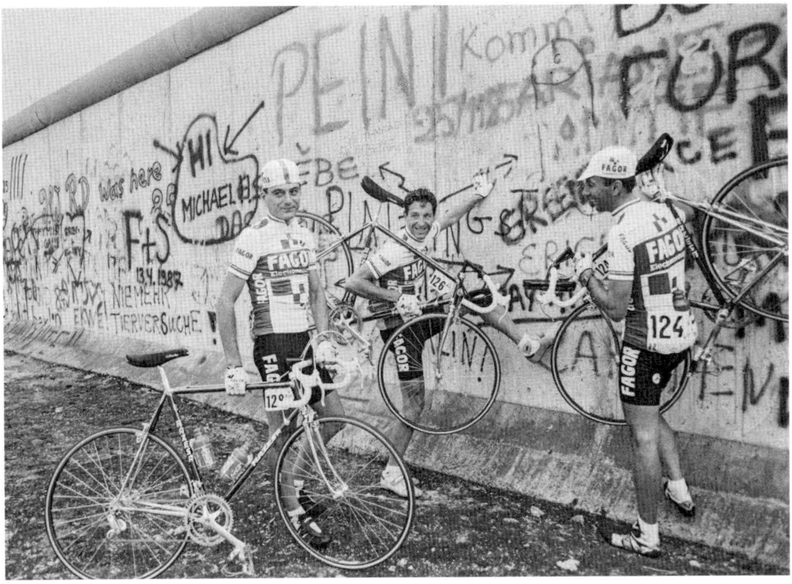

Die französischen Tour-de-France-Profis kratzen 1987 sehr zum Ärger der DDR-Oberen symbolisch an der Berliner Mauer.

in den Himmel, die SED wies ihre lokalen Funktionäre an, „50.000 Bürger Berlins für jede der Hauptveranstaltungen zum Spalier für die Gesamtstreckenführung zu gewinnen.“ Es sollte ja auch nach etwas aussehen; wobei man da eigentlich keine Angst haben musste. Die Friedensfahrt war sehr populär in der DDR.

Als die Tour dann schließlich Ende Juni nach Berlin anreiste, wurde fast alles zum Politikum. „Kalter Krieg auf Rädern“, schrieb *Der Tagesspiegel*. Und als der US-Profi Andrew Hampsten beim Training aus Versehen die Grenzlinie am Kontrollpunkt Staaken überfuhr, wurde es kurz kritisch. Aber die Aufregung legte sich wieder, und als beim Prolog am 1. Juli auf dem Kurfürstendamm der in die Jahre gekommene Dietrich Thurau als Sechster noch einmal auf sich aufmerksam machte, war die Stimmung blendend. Berlins Regierender

Bürgermeister Eberhard Diepgen sah sich bestätigt, die drei Millionen Mark für die Tour gut investiert zu haben. Und der heutige Tourchef Christian Prudhomme ist sich sicher, dass die Tour de France in Berlin auch ein paar zarte Risse in die Mauer gerüttelt hat, die nur zwei Jahre später fallen sollte. Am Ende übertrugen mehr als 140 TV-Sender das Spektakel live in 60 Länder. Berlin zeigte, dass man auch auf einer Insel Radrennen fahren kann. Danach verließ der Tross die isolierte Stadt per Flugzeug Richtung Südwest.

Von Bussen und Bögen

Frankreich ist ein großes Land mit vielen Gemeinden. Da liegt es nahe, dass der Name einer Gemeinde nicht unbedingt einmalig ist, hierzulande gibt es ja auch mehr als ein Kirchheim oder Stetten. Das Ziel der fünften Etappe der Tour 2004 lag in Chartres. Die Fahrer des Mannschaftsbusses eines großen Teams, das aus Scham nicht genannt werden möchte, verabschiedeten sich am Start in Amiens und wollten direkt zum Ziel rollen, um da die Profis wieder einzusammeln. Dort kamen sie aber nicht an, weil sie ihrem Navi blind vertrauten und in ein völlig anderes Chartres fuhren, wo sie partout kein Radrennen fanden. Die Profis standen derweil im echten Chartres im Ziel, im Freien, und waren ziemlich angefressen. Man hat sie dann zum Transfer ins Hotel auf andere Teambusse verteilt. Sie waren verschwitzt, hungrig und grantig, aber es half ja nichts. Der Bus kam dann schließlich irgendwann in der Nacht an. Aber natürlich viel zu spät. Das Kuriose daran: Solche Dinge passieren erst, seit es Navigationsgeräte gibt. Früher fuhr man nach dem Streckenplan, der in der Regel im richtigen Zielort endet.

Riesige Busse für die Mannschaften gehören mittlerweile zu jedem großen Radrennen dazu.

Riesige Busse für die Mannschaften gehören mittlerweile zu jedem großen Radrennen dazu. Und natürlich auch zur Tour, wobei man oft den Eindruck hat, die Teams überbieten sich in diesem Jahreszentrum des Medieninteresses in Größe und Ausstattung ihrer rollenden Beinahe-Hotels. Ruhepritschen, Massagebänke, überall Fernseher, Duschen, natürlich eine Küche, das alles hinter verspiegelten und getönten Scheiben. Außen sind die Busse immer aufwendiger lackiert und natürlich blitzeblank, damit der Name des Sponsors so hell leuchtet wie die Sonne. Solche Busse kosten mehr als eine halbe Million Euro und sind mittlerweile so groß, dass die Fahrer Millimeterarbeit leisten müssen, um die Ungetüme in den oft verwinkelten und engen Start- und Zielbereichen kleinerer Städte zu parken. Die Tour ist ja nicht nur in Großstädten wie Marseille, Lyon, Bordeaux, Toulouse oder Paris zu Gast.

2013 startete das Rennen auf Korsika. Die ganze Insel hat deutlich weniger Einwohner als jede einzelne der genannten Großstädte. Der Auftakt war, anders als üblich, kein kurzes Zeitfahren als Prolog, sondern eine ganz normale Etappe von Porto Vecchio nach Bastia. Man erwartete gerade eine Sprintankunft, als sich im Zielort Bastia ein in der Tourgeschichte bisher einmaliges Ereignis zutrug. Der Mannschaftsbus des australischen Teams Orica Greenedge, auch so ein rollendes Einfamilienhaus, hatte weit vor dem Ziel eine Abzweigung Richtung Parkzone verpasst und wurde jetzt von dienstbaren einheimischen Helfern durch die enge Hafenstadt geleitet. Die Helfer schickten den Bus am Ende des ungewollten Umwegs durch den Zielbogen – aber der war ein paar Zentimeter tiefer als der Bus hoch. Kurzum, das Monstrum verkeilte sich, steckte im Zielbogen fest, und das heranrasende Feld war nur noch knapp 20 Minuten entfernt. Die Hektik, die jetzt entstand, hatte schon was. Sollte man die Etappe stoppen und die Wertung ausfallen lassen? Das Ziel mitsamt der Zeitmessung in Windeseile drei Kilometer nach vorn verlegen? Man hat debattiert wie auf einem Basar. Es zeichnete sich bald eine Zielverlegung ab, obwohl man damit Hunderte von Menschen verärgert hätte, die auf der Ehrentribüne im Zielbereich saßen und statt einer Sprinterankunft nur einen eingeklemmten Bus gesehen hätten.

Ein erfahrener Offizieller behielt allerdings die Nerven. Der Mann ließ einfach die Luft aus den Reifen des Busses, der so ein paar Zentimeter tiefer sank, freikam und auf den Felgen aus dem Ziel schlich. Das Rennen konnte normal zu Ende gehen; Marcel Kittel gewann die

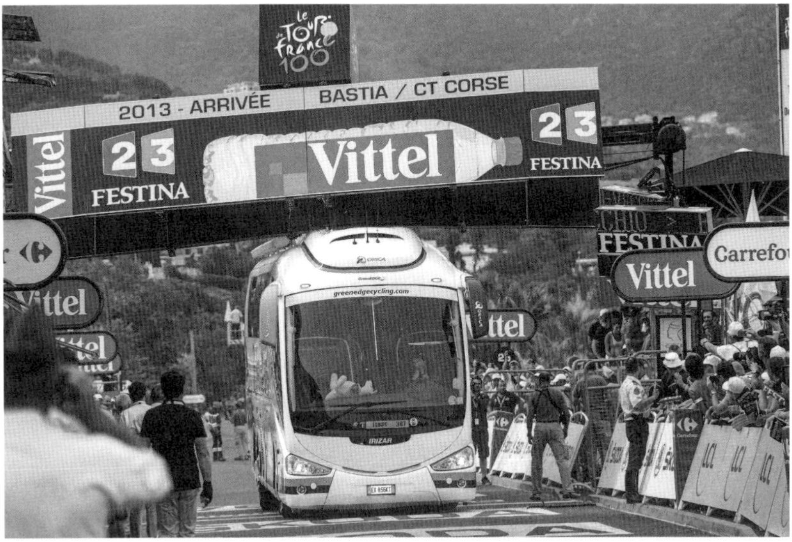

Luft lass nach: Der Mannschaftsbus, eingekeilt im Zielbogen, war der Aufreger beim Grand Départ der Tour 2013 auf Korsika.

Etappe und das Gelbe Trikot. Der Fahrer des Busses saß derweil mit den Nerven zu Fuß neben seinem mittlerweile wieder korrekt geparkten und aufgepumpten Gefährt. Für den spanischen Fahrer Garikoitz Atxa war dies sein erster Arbeitstag bei Orica Greenedge gewesen – aber dann doch nicht sein einziger. Auch die Teamleitung sah ein, dass Offizielle ihn mehrfach aufgefordert hatten, unter dem Bogen durchzufahren.

Die verrückten Fans der Tour

Was wäre die Tour ohne ihre Zuschauer? Richtig, ein ganz normales Radrennen. Man schätzt, dass zwischen zwölf und 15 Millionen Menschen jedes Jahr die im Schnitt rund 3.500 Kilometer lange Strecke säumen und die Tour damit zu einem der größten Sportspektakel weltweit machen. Besonders in den Bergen muss man schon tagelang vorher anreisen, wenn man sein Wohnmobil oder Zelt an einer attraktiven Stelle direkt an der Strecke postieren will. Einer der begehrtesten Plätze, wenn die Tour nach Alpe d'Huez führt, liegt in einer Kurve kurz vor dem Ortseingang, von wo man gut drei Kilometer Straße einsehen kann. Wer dort parkt, oft übrigens eine Familie aus dem Schwäbischen, sollte gut fünf Tage vor dem Rennen da sein. Sonst ist der Platz weg und obendrein die Straße bereits mit Absperrungen von den Almen getrennt.

Über die Jahre hinweg hat sich bei den Fans mehr und mehr die Mode entwickelt, sich möglichst schrill, skurril oder auch schlicht dämlich anzuziehen und wild brüllend neben den Profis herzuwetzen. Für viele Menschen ist eben die Aussicht auf ein paar Momente live im Fernsehen so ziemlich das Größte, was sie sich vorstellen können. Dafür kann man sich dann schon mal zum Affen machen. Und so rennen Frösche oder Enten oder wandelnde Epo-Spritzen bergauf. Dazwischen Personen mit Bora-Perücke und grüner Trägerunterhose, begleitet von Typen in Badehose und Pudelmütze. Natürlich dürfen auch Halb- oder komplett Nackte nicht fehlen. Frauengruppen in Bikinis, gern auch ohne Oberteil, gibt es immer wieder. Männer ziehen auch schon mal final blank. Das muss man nicht wirklich gesehen haben, was manche aber nicht daran hindert. Wie zum Beispiel die zwei Herren, die 2009 beim Mannschaftszeitfahren rund um Montpellier neben der Mannschaft Columbia Highroad herrannten. Ob man damit wirklich weltweit ins Fernsehen muss – nun ja, wer's braucht.

Die Rennfahrer haben übrigens beim Tempo der heutigen Etappen kaum einen Blick für die Kuriositäten am Rande übrig. Eine Etappe wird heute in den meisten Fällen nach folgendem Motto gefahren: ein paar Kilometerchen bis zum scharfen Start locker rollen, danach treten, bis der Arzt kommt. Zurückhaltung oder lockeres Rollen gibt es mit Ausnahme der ersten zwei, drei Stunden auf der letzten Etappe nach Paris nicht. Nur im Finale wird erst in Sichtweite der Champs-Élysées so richtig Gas gegeben. Der Grund für das durchgängig hohe Tempo: Mittlerweile wird alles im Fernsehen übertragen, und der Sponsor will natürlich Leistung sehen. Außerdem ist ein Etappensieg so wertvoll, dass immer irgendwelche Fahrer einen Ausreißversuch starten. Und wenn in so einer Gruppe nur einer dabei ist, der eine wenn auch noch so kleine Chance im Gesamtklassement hat, kann man den nicht eine halbe Stunde oder mehr wegfahren lassen. Denn das kann sich rächen, wie zuletzt 2006, als der Spanier Óscar Pereiro nach der Disqualifikation von Floyd Landis plötzlich Toursieger war. Der Mann war ganz vorn, weil er auf einer Überführungsetappe von den Pyrenäen in die Alpen in einer Fluchtgruppe um Jens Voigt war, die schließlich gut 30 Minuten vor dem Feld mit allen Favoriten ins Ziel kam (Sieger: Voigt). Ohne diese Bummelfahrt des Feldes wäre übrigens am Ende Andreas Klöden der zweite deutsche Toursieger nach Jan Ullrich geworden.

Über die Jahre hinweg hat sich bei den Fans mehr und mehr die Mode entwickelt, sich möglichst schrill, skurril oder auch schlicht dämlich anzuziehen.

Aber, wie gesagt, heute wird anders gefahren, und die Fans am Straßenrand müssen schon verdammt gut zu Fuß sein, wenn sie bergauf neben ihren Idolen mitlaufen wollen. Zur wahren Personifizierung des brüllenden Wahnsinns hat sich in den vergangenen Jahrzehnten der Brandenburger Dieter „Didi" Senft entwickelt. Der selbst ernannte Künstler, Erfinder und Fahrraddesigner rennt seit 1993 als Teufel verkleidet mit Gebrüll und fuchtelndem Dreizack neben den Rennfahrern her. Anfangs fanden das alle lustig, selbst die Profis. „El Diabolo" wurde zum Medienstar, die Kameras des französischen Fernsehens setzten ihn immer groß ins Bild, wenn er mit markerschütterndem „Heja, Heja, Jaaaaaaaaa!!!" neben den Radlern herumtobte, und die Moderatoren freuten sich. Didi schaffte es als Gast in mehr als 50 TV Sendungen, wurde zur Comicfigur und war bekannt wie ein bunter Hund. Irgendwann hatte sich die Nummer aber erschöpft. Senft ist zwar meist noch bei der Tour dabei, aber die Kameras schwenken schon seit Jahren weg. Begonnen hatte die zunehmende Ausblendung

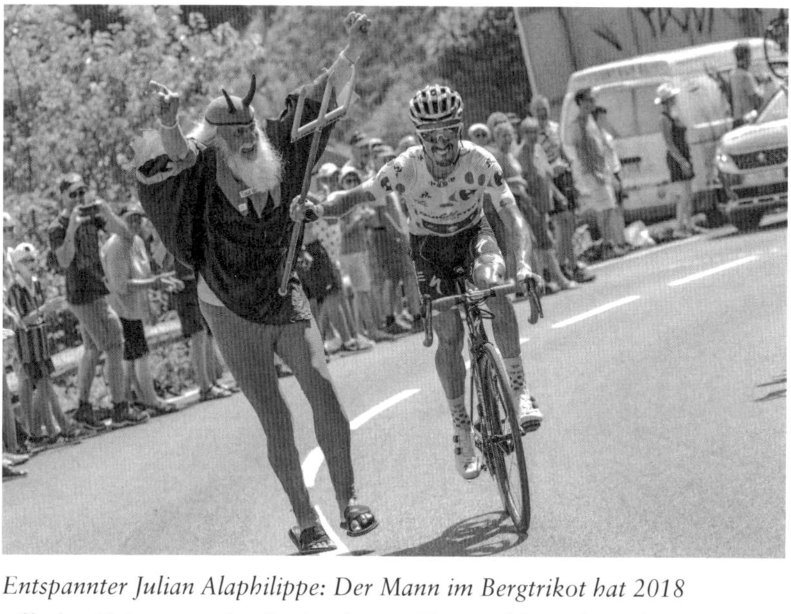

Entspannter Julian Alaphilippe: Der Mann im Bergtrikot hat 2018 offenbar Zeit genug, den Dreizack von „Tourteufel" Didi Senft ein paar Meter spazieren zu fahren.

angeblich aus wirtschaftlichen Gründen. Um seine Reisen zu finanzieren, suchte sich Didi Senft gern auch Sponsoren, und für einige Zeit hatte er einen prominenten deutschen Autozulieferer auf Kutte und Dreizack, dessen Logo auf diese Weise lang und breit im Fernsehen zu sehen war. Das hat dann den offiziellen Toursponsoren nicht so gefallen, die über die Tourorganisation mit sanftem Druck auf das Fernsehen einwirkten, den Mann doch nicht dauernd und vor allem nicht so lange im Bild zu zeigen. Finanziell hat das dem Teufel sicher geschadet, zur Tour fuhr er trotzdem weiterhin.

Heute verkleiden sich immer mehr Fans mit abgedrehten Kostümen, obwohl die Rennfahrer gar keine Muße für eine angemessene Bewunderung haben, zumindest nicht auf den schweren Bergpassagen. Da haben die Profis genug mit sich selbst zu tun, und manchmal übertreiben es die Brüllaffen auch schlicht, wie 2018, als ein durchgeknallter Fan den Italiener und Mitfavoriten Vincenzo Nibali beim Anstieg nach Alpe d'Huez zu Fall brachte. Nibali fuhr zwar noch ins Ziel, musste danach aber mit einem angebrochenen Brustwirbel aufgeben. Die Lösung für diesen Bergwahn wäre im Übrigen nicht so schwer. Würde man die großen Pässe allesamt mit Barrieren versehen, wie zum Beispiel die letzten Kilometer in Alpe d'Huez oder am Mont Ventoux, wären die Fahrer geschützt. Aber die Welt lechzt eben nach Bildern, die zeigen, wie sich die Rennfahrer durch wogende Fanmassen kämpfen. Und da die Show extrem wichtig ist, wird es auch künftig zumindest einige völlig freie Passagen geben.

Früher war das Verhältnis Profi/Zuschauer deutlich entspannter, da so manche Etappe, nach Absprache der Kapitäne der großen Teams, zumindest am Anfang eher piano gefahren wurde. Ein beinhartes Rennen gab es dann nur in den letzten zwei, drei Stunden. Vorher hatten die Profis noch genug Zeit, sich auch mal anzusehen, was da so alles an Zuschauern am Straßenrand stand. 1979 kam es dabei zu einer kuriosen Episode: Ein paar Rennfahrer drehten das bekannte

Spiel des Nassspritzens einmal um. Es war sehr heiß, das Feld kurbelte einen Berg hinauf, als plötzlich eine Frau in einem winzigen Bikini und mit High Heels am Straßenrand stand und winkte. Der Belgier Ludo Peeters dachte sich wohl, da könne man bei der Hitze mal helfen und spritzte die Dame mit seiner Wasserflasche an – sehr zur Freude seiner Mitradler. Ob es der jungen Frau auch gefallen hat, ist nicht bekannt.

Dichter Verkehr – Chris Froome rennt zu Fuß

Radfahrer haben immer Vorfahrt – davon sollte man bei der Tour de France eigentlich ausgehen, schließlich ist es ein Radrennen. Aber so einfach ist das nicht. Ganz im Gegenteil. Die Radler rollen ja nur ganz selten durch menschenleere Landschaften. Meistens stehen Zuschauer am Straßenrand, in den Bergen auch zu Tausenden auf wenigen Kilometern. Da kann es dann schon mal eng werden. Obendrein werden die Profis von einer Armada an Autos und Motorrädern begleitet. In manchen Autos sitzen Teamchefs und Mechaniker, in anderen VIPs oder der Tourarzt. Auf den Motorrädern arbeiten Fotografen, Kameraleute und Ersthelfer bei Reifenpannen. Auch das birgt Konfliktpotenzial, besonders wenn die Straße eng ist. By the way, Jens Voigt hat mal gesagt, er reiße auch deshalb so gern aus, weil allein an der Spitze die Luft besser sei. Ist sie aber eher nicht: Vor dem Führenden klemmt schließlich meist ein Motorrad mit Kameramann. Bei den harten Bergetappen atmen die Spitzenleute oft Abgas mit ein klein wenig Luft. Aber es gibt Schlimmeres:

Zum Beispiel der verschenkte Sieg des braven Philippe Bouvatier. Der Profi aus der Normandie sieht bei der 14. Etappe der Tour 1988 schon wie der sichere Sieger aus. Es ist nicht mehr weit ins Ziel, und Bouvatier hat auf der schweren Pyrenäenetappe von Blagnac nach Guzet-Neige im Finale ganz offensichtlich die besten Karten. Er führt 200 Meter vor dem Ziel vor zwei Verfolgern, die ihn normalerweise nicht mehr erreichen können. Das war so nicht zu erwarten gewesen. Die beiden anderen sind der Italiener Massimo Ghirotto und der superstarke Bergspezialist Robert Millar aus Schottland. Aber Bouvatier sprengt die Gruppe und rast zu seinem größten Erfolg – allerdings nur fast. Am Ende wird er ein Opfer des Verkehrs. Bouvatier fährt direkt hinter dem Motorrad eines Fotografen. Das verlässt aber 200 Meter vor der Ziellinie geradeaus den Kurs Richtung Presseparkplatz, und der arme Kerl radelt blind hinterher, wie man es eben so macht bei der Tour. Den hektisch nach rechts winkenden Polizisten kann er so kurz hinter dem Motorrad nicht sehen, und als er seinen Fehler bemerkt, sind die anderen beiden schon an ihm vorbei. Was ihm bleibt, ist der dritte Platz und die Erkenntnis, dass der Verkehr bei der Tour tückisch ist. Und immerhin noch eine Prämie in Form eines Peugeot. Der war als Sonderpreis für den Sieger ausgelobt gewesen, und den ließ man dann doch dem orientierungslos gewordenen moralischen Etappengewinner.

Man darf sich übrigens auch zu Fuß Richtung Ziel bewegen. So wie Chris Froome 2016 bei der zwölften Etappe von Montpellier auf den Mont Ventoux. Da ein Sturm die Zielankunft auf dem schutzlosen Gipfel in der Provence unmöglich macht, verlegt die Rennleitung das Ziel auf den Parkplatz des sechs Kilometer tiefer gelegenen Chalet Reynard. Tausende von Fans ziehen nach der Absage der Zielankunft am Gipfel Richtung neues Ziel und an die nun letzten Kilometer der Strecke. Dort stehen aber bereits viele Fans, die Straße ist hier zudem eng. Schnell sind es einfach viel zu viele Leute für zu wenig Platz, die Straße ist proppenvoll. In diesem Chaos muss ein Motorrad scharf abbremsen. Richie Porte, Bauke Mollema und Chris Froome können nicht mehr ausweichen und stürzen. Froome will weiterfahren, aber sein Rahmen ist gebrochen. Fluchend schiebt er sein Velo ein paar Meter, dann rennt er zu Fuß weiter. „Ich wusste, dass der Begleitwagen mit einem Ersatzrad fünf Minuten hinter uns war“, begründete er seine kuriose Aktion. Quälende Minuten später hat sich ein Teamauto zu Froome durchgekämpft. Der Star bekommt sein Ersatzrad, verliert aber bis ins Ziel gut sieben Minuten auf die Schnellsten. Die Jury kassiert dann schließlich das Ergebnis und wertet die Zeitabstände unter den Favoriten zum Zeitpunkt des Sturzes. Glück für den

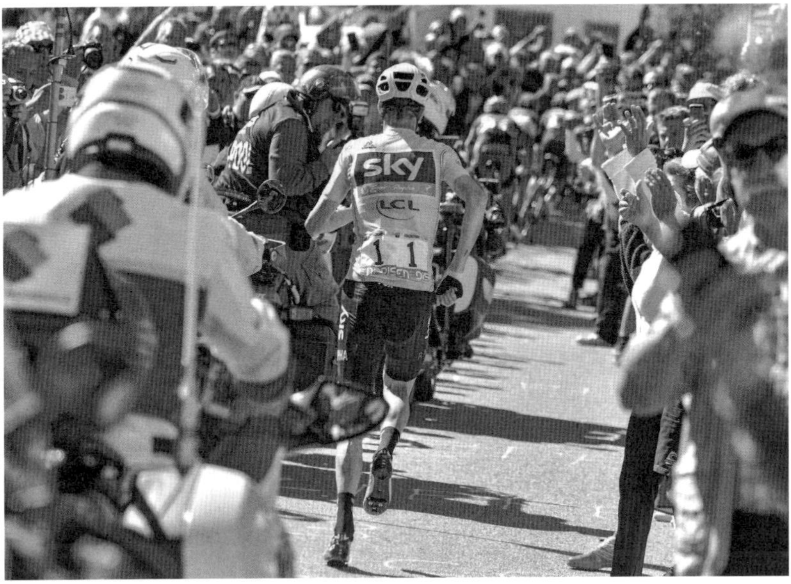

Ja, darf man denn das? Chris Froome rennt 2016 nach einer Panne im Zuschauerchaos am Mont Ventoux zu Fuß weiter. Die Antwort: Ja, man darf.

Mann im Gelben Trikot, der so seine Führung von 47 Sekunden verteidigte und die Tour 2016 dann auch gewann. Froome hatte vor allem auch deswegen Glück, weil das dicke und eigentlich lückenlose Regelwerk der Tour keinen Passus enthält, wie mit zu Fuß und ohne Rad zurückgelegten Strecken umzugehen sei. Kurzum, da es nicht explizit verboten ist, konnte man dem Engländer aus seiner verzweifelten Rennerei auch keinen Strick drehen.

Der Verkehr birgt aber manchmal weit größere Risiken, als ein Stück zu Fuß rennen zu müssen. Es war der 9. Juli 2011, auf der neunten Etappe zwischen Aigurande und Super Besse in der Nähe des Puy de Dôme im Zentralmassiv. Ein Begleitauto des französischen Fernsehens setzt auf einer engen, von Alleebäumen gesäumten Straße zum Überholen der Spitzengruppe an. Die Bäume stehen nicht akkurat in einer Reihe,

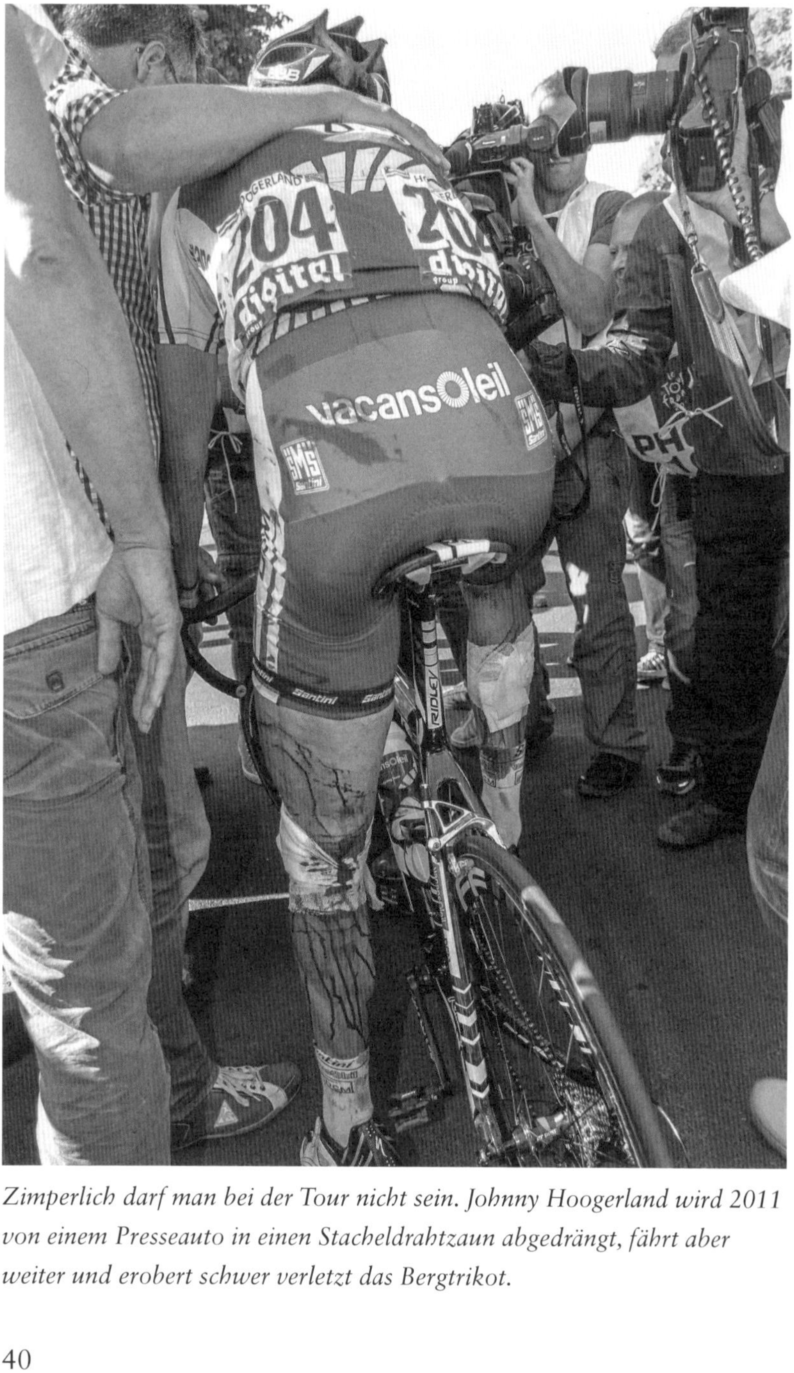

Zimperlich darf man bei der Tour nicht sein. Johnny Hoogerland wird 2011 von einem Presseauto in einen Stacheldrahtzaun abgedrängt, fährt aber weiter und erobert schwer verletzt das Bergtrikot.

einer ragt mit dem Stamm so weit in die Straße, dass der Wagen einen Schlenker machen muss. Dabei touchiert er Juan Antonio Flecha. Der Spanier verliert die Kontrolle, stürzt und reißt Johnny Hoogerland mit. Der Holländer fliegt nach rechts von der Straße, überschlägt sich und landet in einem Stacheldrahtzaun. Blutüberströmt klettert er wieder auf das Rad. Aus der Traum – Hoogerland war mit vier anderen Ausreißern knapp fünf Minuten vor dem Feld gewesen, die Chance auf den Etappensieg ist natürlich perdu.

Aber dann produziert der Mann die Bilder, die die Tour sehen will. Zusammen mit Flecha fährt er mit ein paar Metern Pflastern und Wundauflagen notdürftig verklebt weiter. Im Ziel fehlen ihm über 16 Minuten zum Etappensieg, trotzdem übernimmt er das Trikot des besten Bergfahrers, die Punkte dafür sammelte er vor dem Sturz. Am Abend wird er mit 33 Stichen zusammengeflickt. Der Chauffeur des TV-Autos wird von der Tour suspendiert, er hatte das Überholverbot an dieser Stelle krass missachtet. Die Fachwelt wartete natürlich auf die Aufgabe des ramponierten Hoogerland, aber der fuhr nach dem Ruhetag tapfer weiter und verteidigte das Bergtrikot sogar noch drei Tage, sozusagen vom Krankenlager auf den Tour-Gipfel. Am Ende kam er auch noch in Paris an, und 2014 gab es nach einem langen Prozess gegen die TV-Produktionsgesellschaft, die das Auto gechartert hatte, auch noch Schmerzensgeld. Wie viel, ist nicht bekannt.

Ein gar nicht so seltenes Phänomen im Verkehrsgewühl der Tour ist das Vergessen von Mechanikern oder Physiotherapeuten aus den Teamautos hinterm Feld.

Ein gar nicht so seltenes Phänomen im Verkehrsgewühl der Tour ist das Vergessen von Mechanikern oder Physiotherapeuten aus den Teamautos hinterm Feld bei Pinkelpausen am Straßenrand. Ungeplante Pausen kommen bei Etappenlängen von sechs bis sieben, manchmal auch acht Stunden schon mal vor. Meldet in der Zeit innerer Erleichterung der Funk ein Problem mit einem Fahrer im Feld, gibt der Sportliche Leiter auch dann wieder Gas, wenn noch nicht alle zurück im Auto sind. „Es gibt kein Radrennen auf der Welt, bei dem die Hektik größer ist als bei der Tour“, sagt dazu Hans-Michael Holczer, der als Sportlicher Leiter des Teams Gerolsteiner sechsmal die Tour gefahren ist. Meistens findet der Zurückgelassene noch eine Mitfahrgelegenheit weiter Richtung Ziel, final verloren gegangen ist jedenfalls noch keiner. Zumindest bisher nicht. Einen Rat kann man allerdings allen geben, sollten sie mal in den Genuss kommen, in einem Mannschaftsauto mitfahren zu dürfen: nicht bummeln bei Pinkelpausen und genug Geld fürs Taxi mitnehmen.

In den Bergen

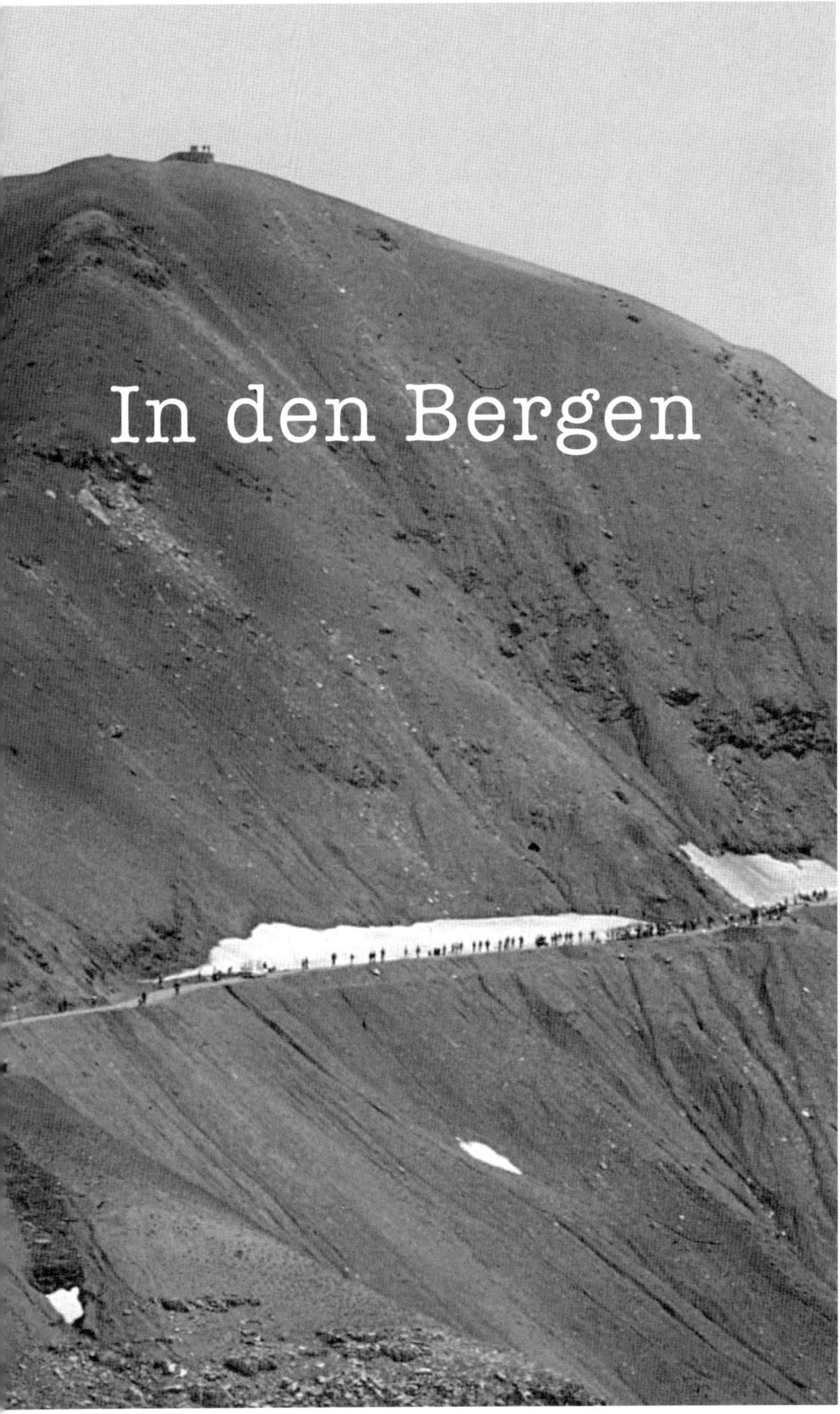

„Ihr elenden Mörder“

Die Tour war erst sieben Jahre alt, als sie schon erste Altersprobleme quälten. Tourgründer Henri Desgrange spürte, dass sein Kind nicht mehr wuchs. Im Gegenteil – das Interesse ließ nach, sowohl bei den Fahrern als auch bei den Zuschauern. Die Etappen waren zwar lang und hart, die Leute einigermaßen fasziniert, aber das ganz Große, das Heroische, das Desgrange als Werbung für seine Zeitung *L'Auto* wollte, hatten sie in der Tour offenbar doch noch nicht gefunden. Alphonse Steinès, der Assistent des Verlegers, hatte schließlich die Idee, die Fahrer über die Pyrenäen zu jagen. Die Vogesen und die Alpen zwischen Grenoble und Nizza gehörten bereits ins Streckenprofil der Tour, die Pyrenäen aber noch nicht. Und das Grenzgebirge zu Spanien strahlte durch seine Schroffheit und die vielen Mythen und Legenden Abenteuer pur aus. Das gefiel Desgrange, der spürte, dass seine Reporter dort Nektar für viele Geschichten saugen konnten.

Fakt ist, dass damals in den zerklüfteten Hochlagen tatsächlich noch Bären lebten und dass die Pässe selbst für damalige Verhältnisse nur bessere Pfade für Hirten und Holzfäller waren. Tatsache ist aber auch, dass es bereits 1902 ein Rennen über den höchsten Pyrenäenpass, den Col du Tourmalet, gegeben hatte. Das verschwieg Desgrange seinen Lesern aber lieber, schließlich wollte man Pioniergeist transportieren und nicht der Zweite sein. Ganz abgesehen davon war es natürlich auch noch 1910 ein gewaltiges Abenteuer, Radfahrer über diese ungepflasterten Routen zu schicken, die zudem noch in gewaltige Höhen stiegen. Wahrscheinlich hätte Desgrange es am Ende auch nicht gewagt, aber im Frühjahr 1910 erreichte ihn ein Telegramm seines Assistenten Steinès: „Gut über den Tourmalet gekommen – Straße in gutem Zustand – kein Problem für die Fahrer.“ Das war allerdings eine dicke Lüge. Die Straße war wie gesagt eher ein besserer Trampelpfad. Steinès blieb beim Versuch der automobilen Überquerung mit seinem Fahrer im Schnee stecken. Der Chauffeur drehte um, Steinès lief allein weiter, der Überlieferung nach in Lackschuhen und mit Spazierstock. Vor ihm lagen zwölf Kilometer über die verschneite Passhöhe zurück ins Tal, und es war schon 18 Uhr. also am späten Nachmittag. Kurz darauf wurde es dunkel. Der Städter kam bald an seine Grenzen, trank geschmolzenen Schnee gegen den Durst und lief erst am anderen Morgen gegen 3 Uhr völlig entkräftet und durchgefroren einem der Bergretter in die Arme, die von Barèges aus den verrückten Mann aus Paris suchten. Ob die 2.115 Meter hoch gelegene Passhöhe des Tourmalet von Radfahrern zu meistern war, konnte er nach diesem Trip überhaupt nicht beurteilen, tat es aber doch per Telegramm. Und kurz darauf ließ Desgrange über sein Blatt in ganz Frankreich verbreiten: Die Tour de France 1910 wird über die Pyrenäenpässe Aubisque, Peyresourde, Aspin und Tourmalet führen. Also nicht nur über einen Pass, sondern gleich über vier. Und jeder von ihnen ein gewaltiges Pfund. So kamen also die Pyrenäen in die Tour. Und mit ihnen auch unzählige kuriose Geschichten, allerdings ganz ohne Meister Petz. Es ist kein Fall bekannt, in dem Bären in der Nähe der Rennstrecke aufgetaucht wären. Das wäre übrigens heute noch möglich – einige Braunbären leben im Grenzgebirge zwischen Frankreich und Spanien. Dass der Baske Miguel Indurain seine fünf Toursiege aber dem Verzehr von baskischem Bärenschinken verdanken würde, ist nur der blühenden Fantasie eines Journalisten entsprungen. Tierischen Kontakt kann man in den Bergen aber schon haben – damals wie heute. Wenn ein Profi mit Tempo 80 einen Alpenpass bergab rast und plötzlich vor ihm eine Herde Kühe seelenruhig die Straße überquert, dann weiß er wieder: Ich bin bei der Tour de France. Und da kann einem auf der

Ob die 2.115 Meter hoch gelegene Passhöhe des Tourmalet von Radfahrern zu meistern war, konnte er nach diesem Trip überhaupt nicht beurteilen.

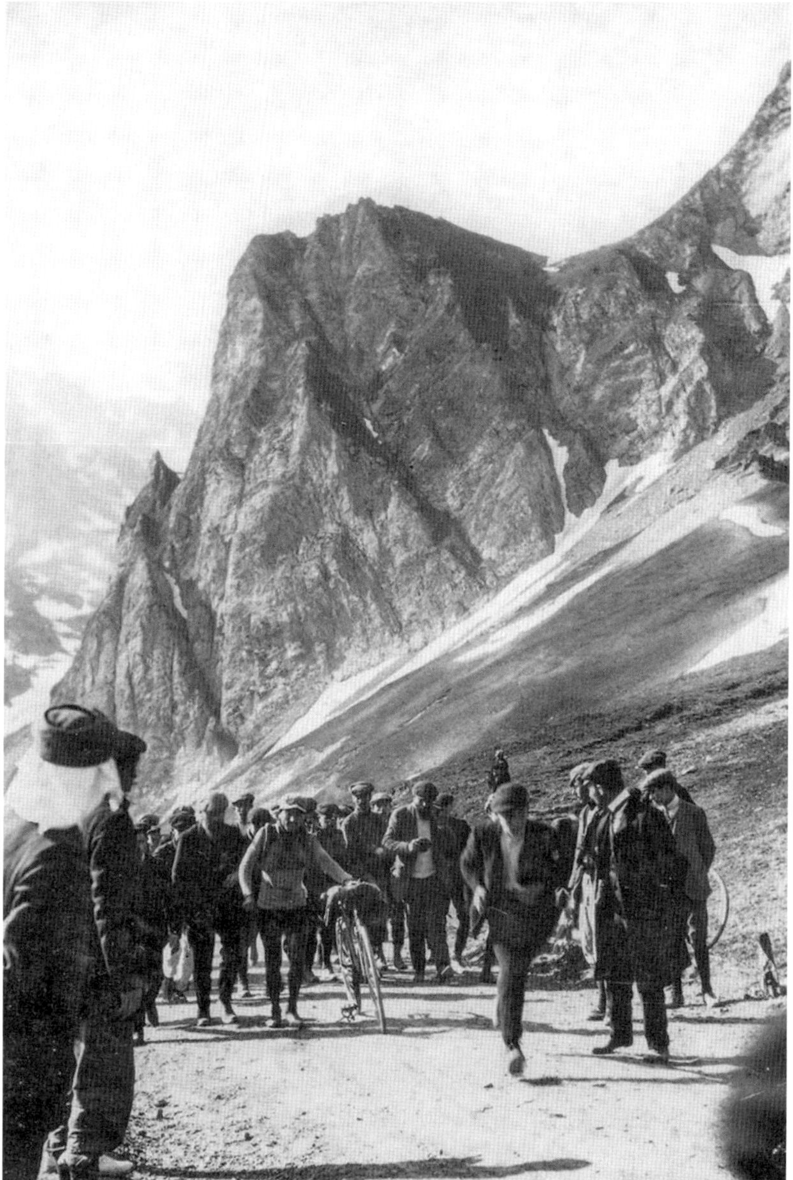

Tages- und Gesamtsieger Octave Lapize 1910 am Col du Tourmalet umringt von Zuschauern.

Straße so ziemlich alles begegnen, was man gemeinhin als Haus- oder Nutztier so hält. Eine besondere Begegnung mit der Tierwelt hatte der Franzose Napoléon Paoli im Jahr 1920. Auf der Strecke kollidierte er mit einem Esel und landete plötzlich auf dem Rücken des Tieres. Natürlich ohne sein Fahrrad. In Panik lief das arme Tier mit Paoli als Passagier gegen die Fahrtrichtung. Paoli konnte sich dann aber befreien, schnappte sich sein Rad und fuhr weiter. An dem Tag hatte er noch Glück, wenig später musste der Franzose die Tour aber abbrechen, weil ihn ein Felsbrocken am Kopf getroffen hatte.

Die erste Überquerung des Col du Tourmalet war eine gnadenlose Schinderei und kreierte eine weitere bemerkenswerte Geschichte der Tour. Octave Lapize, ein 23-jähriger Rennfahrer aus Montrouge in der Nähe von Paris, quälte sich als Erster über die Passhöhe. Zeitweise musste er sein Rad schieben, obwohl der Olympiadritte des Jahres 1908 im 100-Kilometer-Rennen auf der Bahn Kraft wie ein Ochse hatte. Oben angekommen, brüllte er die offiziellen Begleiter in ihren schicken Autos an: „Vous êtes des assassins. Oui, des assassins!“, soll er getobt haben. Gut möglich, dass Lapize selbst in höchster Erregung noch einen gewissen Sprachstil pflegte. Ob er aber wirklich „Sie sind Mörder. Jawohl, Mörder!“ gebrüllt hat oder ob das nicht eher in die damalige Heroensprache des Sports passte, ist nicht mehr zu klären. Glaubhafter ist aber die gängigere Überlieferung, nach der er ein herzhaftes „Ihr elenden Mörder“ ausgestoßen haben soll. Angesichts der dünnen Luft auf über 2.000 Metern ist diese kürzere die wahrscheinlichere Variante. Und durchaus glaubhaft, denn die Tour mutete den Fahrern beim Pyrenäendebüt 1910 auch noch den Col d’Aubisque, den Peyresourde und den Aspin zu. Vier Hammerpässe, die nur bessere Schotterwege waren. Mehr fährt man heute auch nicht. Die beiden Pyrenäenetappen 1910 waren 289 und 326 Kilometer lang – das gäbe heute einen Streik bei den Profis. Garantiert. Es gibt übrigens auch die Version, nach der Lapize seinen Mörderschrei erst später auf dem Aubisque ausgestoßen haben soll. Und es existiert sogar noch eine dritte Version, nach der Lapize die Verantwortlichen der Tour lediglich „Verbrecher“ genannt haben soll, aber ansonsten recht gut gelaunt und optimistisch unterwegs war. Das ist natürlich auch möglich, passte aber nicht zum Sprachstil, mit dem Desgrange sein Rennen vermarkten ließ. Da musste schon ein Heldenepos her. Was immer Lapize auch gerufen hat, eines ist sicher: Die Tour 1910 hat er gewonnen. Den Sonderpreis für den Tourmalet bekam aber nicht er, obwohl er als Erster an der Passhöhe war. Gustave Garrigou sicherte sich die 100 Francs, weil er als Einziger sein Rad keinen Meter schieben musste.

Eine kuriose Geschichte gab es auch 1913. Ein Jahr vor Ausbruch des Ersten Weltkriegs wurde Eugène Christophe, ein 28-jähriger Profi aus Paris, als „Schmied der Tour“ bekannt. Zusammen mit dem Belgier Philippe Thys lag er auf dem Gipfel des Tourmalet in Führung, als

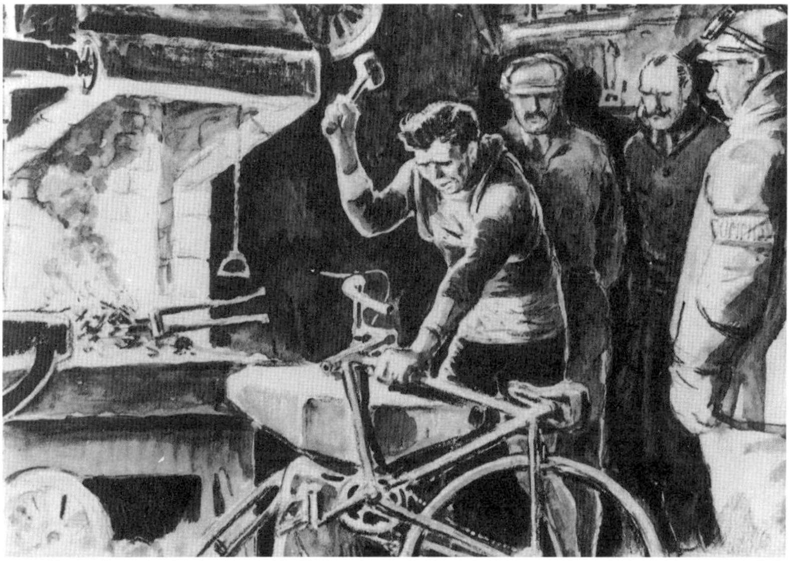

Eine der berühmtesten Szenen der Tour-Geschichte: Eugène Christophe repariert sein Rad in einer Schmiede – kritisch beäugt von Offiziellen.

ihm auf der Abfahrt die Gabel brach. Hilfe anzunehmen war den Rennfahrern damals nicht erlaubt, und so schob der arme Kerl sein kaputtes Velo 14 Kilometer den Berg hinunter, bis zu einer Dorfschmiede in Sainte-Marie-de-Campan. Christophe war handwerklich begabt und dengelte sich ein 22er-Rohr zu einer Gabel zusammen, immer beobachtet von offiziellen Rennrichtern, denn der Schmied durfte ihm nicht helfen. Am Ende der Prozedur stopfte sich Christophe noch etwas Brot in die Trikottaschen und fuhr weiter, obwohl er die Tour natürlich verloren hatte. Im Ziel notierte man mehr als zwei Stunden Rückstand auf den Sieger. All das hätte er mannhaft ertragen können, aber dann brummte ihm die Jury noch einmal eine Minute Zeitstrafe auf, weil der Gehilfe des Schmieds bei der Reparatur ab und zu den Blasebalg bedient hatte. Auch das galt laut Reglement als eine unerlaubte Hilfe. Christophe soll die absurde Strafe damals so kommentiert haben: „Eine Minute – wie großzügig! Ich habe durch meinen Fußmarsch und die Reparatur vier Stunden verloren, da könnt ihr mich mit eurer Strafminute am Arsch lecken.“ Paris erreichte er schließlich nur als Siebter. Für die Fans aber war er ein Held.

Gebrochene Gabeln spielten in der Geschichte der Tour aber nicht nur in den Bergen eine oft ziemlich kuriose Rolle. Wie zum Beispiel viel später, 1962 bei Rudi Altig, der als erster Deutscher die 1953 eingeführte Wertung für die Sprinter gewinnen konnte. Und dabei sorgte er für die folgende Geschichte, die man sich in der Szene noch lange Jahre mit einem seligen Lächeln erzählte: Altigs Gabelbruch in Bordeaux. Zehn Kilometer vor dem Ziel gibt das Ding auf einer Kopfsteinpflasterpassage auf. Ein Wechsel des Velos ging damals nicht so schnell wie heute, es gab schließlich noch keinen Funk, die Helfer in den Autos hinter dem Feld wussten nicht zu jeder Zeit über alles Bescheid wie heute. Anhalten hätte Altig die Führung in der Wertung

Ein Wechsel des Velos ging damals nicht so schnell wie heute, es gab schließlich noch keinen Funk.

um das Grüne Trikot gekostet, also fuhr er mit gebrochener Gabel weiter. „Es war ein Ritt am Rande der Katstrophe“, stand am anderen Tag in der *Stuttgarter Zeitung*. Und wohl auch einer auf der Rasierklinge. Aber die Katastrophe trat nicht ein, Altig kam mit seinen Konkurrenten in Bordeaux ins Ziel und verteidigte das Grüne Trikot bis Paris. Am Ende brachte ihm der Erfolg bei seiner ersten Tour auch noch einen neuen Zweijahresvertrag im Team von Frankreichs Superstar Jacques Anquetil ein. Hätte der Maître gewusst, dass ihm der Mannheimer vier Jahre später bei der Weltmeisterschaft auf dem Nürburgring auf den letzten Metern den Titel wegschnappen würde, hätte er diesen Vertrag möglicherweise nicht bekommen. Aber in die Zukunft konnte auch Anquetil nicht schauen.

Nach der Episode mit der Schmiede kam bald der Erste Weltkrieg, und als es 1919 mit der Tour weiterging, war es abermals Eugène Christophe, der in die Geschichtsbücher radelte. Desgrange hatte sich für das Rennen eine Neuerung ausgedacht. Der Tourgründer ließ den Führenden im Gesamtklassement in ein gelbes Trikot stecken, um ihn für alle Zuschauer und Journalisten sozusagen sichtbar zu machen. Und so schlüpfte am 19. Juli 1919 Christophe in Grenoble als Erster in der Geschichte in das heute begehrteste Textil des Radsports. Der damals schon recht angejahrte Profi dürfte sich der historischen Dimension dieses ersten Gelben Trikots aber nicht bewusst gewesen sein. Im Gegenteil, die Überlieferung sagt, es habe ihm überhaupt nicht gepasst: Zum einen wollte er überhaupt nicht erkannt werden und zum anderen sei das Gelb viel zu grell für seinen Geschmack gewesen.

Noch kurioser war der weitere Verlauf der Tour. Christophe startete mit 28 Minuten Vorsprung in die vorletzte Etappe, der Toursieg war greifbar nah. Auf dem Abschnitt von Metz nach Dünkirchen fiel er aber weit zurück. Der Grund: wieder einmal eine gebrochene Gabel. Und auch die musste er, wie schon sechs Jahre zuvor, eigenhändig reparieren, was ihn gut drei Stunden und auch den Sieg bei der mit

5.560 Kilometern zweitlängsten Tour der Geschichte kostete, der schließlich an den Belgier Firmin Lambot ging. Am Ende reichte es 1919 für Christophe aber wenigstens noch zu Rang drei. So viel Pech kann man eigentlich gar nicht haben. Das dachten damals anscheinend auch noch andere, sodass sich Christophe am Ende kurioserweise doch noch als Sieger fühlen durfte. Die Zeitung *L'Auto* rief zu einer Spendenaktion für den ersten Träger des Gelben Trikots auf. Auf dass er wenigstens nicht ganz mit leeren Händen dastehen sollte. Man hoffte damals auf ein wenig materiellen Trost für Christophe, was aber dann kam, war eine regelrechte Welle. Das Geld sprudelte geradezu, quer durch alle gesellschaftlichen Schichten griffen die Leute zum Portemonnaie. Überliefert ist eine Spende über 500 Francs von einem gewissen Henri de Rothschild. Aber auch kleine Spenden von drei Francs wurden registriert. Insgesamt kamen 13.310 Francs für Christophe zusammen – das war deutlich mehr als das Preisgeld für den Sieger.

Zwei Jahre später kippte Henri Desgrange dann die Regel, dass die Fahrer Defekte an ihren Rädern selbst reparieren mussten. So ganz wollte der Tourchef die Fahrer 1921 aber nicht von der Kandare lassen. Die neue Regel besagte deshalb, dass der Radprofi zwar immer noch alles selbst machen müsse, dass es aber erlaubt sei, Teile auszutauschen. Allerdings musste das defekte Teil im Ziel einem Offiziellen präsentiert werden. So kam es, dass der Toursieger 1921, Léon Scieur, auf einer Etappe über 300 Kilometer sein verbogenes Hinterrad auf den Rücken gebunden durch die Gegend fuhr. Anscheinend hat sich in dieser Zeit der Zahnkranz so tief in die Haut des Belgiers gedrückt, dass die Narben davon sein Leben lang zu sehen waren.

Treten, bis … ja, bis wer kommt?

Die Tour de France war in ihrer Gründerzeit an Härte wahrlich nicht zu überbieten. Etappenlängen weit über 400 Kilometer, Bergpässe, die auf Naturstraßen, manchmal auch nur besseren Pfaden zu überwinden waren, bildeten den Rahmen für eine mehr als amtliche Schinderei. Und Tourgründer Henri Desgrange achtete sehr darauf, dass das auch so blieb. Er wollte den „heroischen Kampf der Helden der Landstraße", und dazu passte kein technischer Schnickschnack, der es den Fahrern leichter machte. Zumindest sah er das so. Was man heute kaum noch weiß: Es gab schon zu Beginn der Tourhistorie 1903 Schaltungen für Fahrräder, die waren aber bei der Tour für die Profis nicht erlaubt. Amateure, die manchmal auch nur für einen Tag mitfuhren, durften dagegen Schaltungen benutzen. Für echte Renner war das aber nichts – zumindest laut Desgrange, der Schaltungen als Hilfsmittel für „Personen mit schlechter körperlicher Konstitution, für Damen und für Greise" gut fand. Für alle anderen aber nicht.

Was man heute kaum noch weiß: Es gab schon zu Beginn der Tourhistorie 1903 Schaltungen für Fahrräder.

Und so fuhren die Tourprofis zu Beginn mit Rädern, die nur eine einzige Übersetzung hatten (meistens 39 x 13), keinen Freilauf und eine Stempelbremse, die den Namen Bremse meist nicht verdiente. Die Räder wogen von 14 Kilo an aufwärts, also ungefähr doppelt so viel wie die heutigen. Desgrange hätte die Regeln lockern können, tat es aber nicht. Das führte dazu, dass ab und zu die Amateure vor den Profis fuhren. Bei allen anderen Rennen in Europa wurde sowieso schon mit allem gefahren, was die Technik zu bieten hatte – nur eben bei der

Tour de France nicht. 1905 führte sie dann zum ersten Mal über den Grand Ballon d'Alsace in den Vogesen. Und ob man es glaubt oder nicht – auch das war mit den Ur-Velos möglich, und auch noch in einem ordentlichen Tempo. Eine Zeitung schrieb damals: „René Pottier hat den Ballon d'Alsace mit 20 Kilometern pro Stunde bezwungen. Wir haben die Mission des Mannes mit dem Herzen einer Bulldogge begleitet. Welche mysteriöse Kraft erlaubt es dem menschlichen Organismus, die Grenzen des Möglichen so weit zu verschieben?" Wohl wahr, das Herz einer Bulldogge braucht man schon, um eine 300 Kilometer lange Etappe zu überstehen, in die auch noch ein im Schnitt acht Prozent steiler Anstieg eingebaut ist, der eigentlich nur ein besserer Feldweg ist. Und trotzdem brauchte Pottier für die gut zwölf Kilometer nur 40 Minuten.

Der nächste Fortschritt war dann, dass man auf jeder Seite des Hinterrades einen Zahnkranz hatte.

Solche außergewöhnlichen Leistungen waren für Desgrange Indiz genug, an seinem Schaltungsverbot festzuhalten. 1907 – das konnte er dann doch nicht verhindern – hielt der Freilauf Einzug in die Tour. Der Vorteil für die Profis: Bergab konnten sie das Rad laufen lassen und so die Beine ausruhen. Bei der vorher üblichen Starrachse musste man bergab nämlich mit einem anstrengenden Kontertritt die Bremsen unterstützen. Der nächste Fortschritt war dann, dass man auf jeder Seite des Hinterrades einen Zahnkranz hatte. Es gab also eine zweite, leichtere Übersetzung, zum „Schalten" musste man aber das Rad ausbauen, umdrehen und dann wieder fixieren. Natürlich ohne Schnellspanner, die gab es damals noch nicht. Oben am Gipfel das Ganze dann wieder retour. Dieses System wurde auf bis zu vier Übersetzungen ausgebaut (zwei Ritzel pro Seite). Eine Schaltung war das aber immer noch nicht, weil man ja weiterhin absteigen, das Rad ausbauen und drehen musste. Erst 1937 wurden dann richtige Schaltungen erlaubt, allerdings ein einheitliches Drei-Gang-Modell, das alle Teilnehmer fahren mussten. Das Ding hieß „Super Champion", andere Schaltungen waren nicht erlaubt, keine dagegen nach wie vor. Wie gesagt: Desgrange hielt Schaltungen für unwürdig. Zumindest bei Profis. Dass plötzlich immer mehr Gänge möglich wurden, weil man nach 1945 auch vorn mit zwei Kettenblättern fuhr, hat er nicht mehr miterleben müssen. Desgrange starb 1940.

Immer höher

So hat der Tourgründer auch nicht mehr erlebt, wie sich sein Rennen im wahrsten Sinne des Wortes zu einem weiteren Höhepunkt aufschwang. Es gehört ja zur Grande Boucle wie die Hitze zum Juli, dass man immer höher hinauswill. Rekorde sind wichtig. Henri Desgrange liebte auch deshalb den Galibier, der schon seit 1911 im Programm ist. Damals lag der höchste Punkt für die Profis auf 2.556 Metern Höhe, das Feld überquerte den Berg durch einen Gipfeltunnel. Seit 1979 geht es noch knapp 100 Meter höher (2.645 Meter) über die Passhöhe. Mit diesen Zahlen können die Pyrenäen nicht mithalten, trotzdem behauptete Desgranges Nachfolger Jacques Goddet immer wieder, dass der härteste Berg der Tour immer noch der Tourmalet sei, der es mit seinen 2.115 Metern Passhöhe aber nur auf Rang 16 in der Liste der höchsten Tourorte schafft.

Der Galibier war aber nur für 27 Jahre das Dach der Tour. Dann stand 1938 erstmals der Col de l'Iseran auf dem Programm. Achtmal führte die Tour über den 2.764 Meter hohen Pass in den Seealpen. Seit 1964 ging es dann noch einmal höher hinauf. Und diese Straße auf den Cime de la Bonette hat eine kuriose Geschichte. Die Passhöhe des Col de la Bonette liegt auf 2.715 Metern Höhe. Das ist natürlich auch schon ein Wort, aber da gibt es noch höhere Pässe in Frankreich. In den 60er-Jahren war es in Frankreich zudem noch chic, Prestigeobjekte zu bauen. Und so entstand auch die Idee, diesen Pass noch mit einer Art sich in den Himmel schraubenden asphaltierten Kreisverkehr hinauf zu einem Aussichtspunkt mitten in der Steinwüste auf 2.802 Metern Höhe zu verzieren. Der Hintergrund: Frankreich wollte gern die höchstgelegene asphaltierte Straße in Europa im Land haben, und die haben sie dann auch gebaut. Gebraucht hat man sie nicht wirklich, aber als Vorzeigeobjekt war sie für Präsident Charles de Gaulle wunderbar. Der Mann war auch ein großer Sportfan, und so kam dann natürlich auch die Tour auf die Idee, sich ein neues Dach zu geben. 1962 führte zum ersten Mal eine Etappe auf diese 2.802 Meter Höhe. Der Spanier Federico Bahamontes fuhr als Erster über den Kreisel, und das war kein Spaß. Nach unendlich langen 24 Kilometern Anstieg bis zur Passhöhe folgte nun noch die etwa zwei Kilometer lange Schleife mit im Schnitt zwölf und in der Spitze 15 Prozent Steigung. Kein Wunder, dass die Profis auf diese Tortur nicht besonders scharf sind. Vielleicht waren es deshalb auch nur vier Besuche seit 1964; der letzte im Jahr 2008.

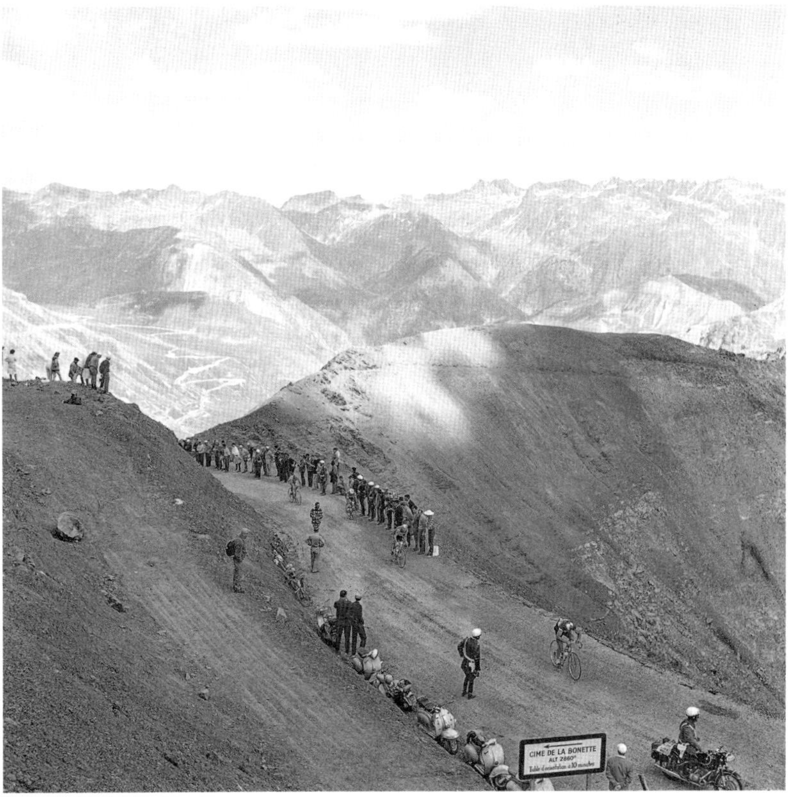

Das Dach der Tour: der 2.802 Meter hohe Cime de la Bonette in den Alpen.

Für die Franzosen hat der Cime de la Bonette auch ein wenig an Anziehung verloren, seit im Jahr 2000 eine Straße zum Skigebiet Tiefenbachferner hoch über Sölden in Tirol eröffnet wurde, die seither mit 2.892 Metern Höhe als höchste asphaltierte Straße Europas gilt. Für die Fahrer sind die finalen zwei Kilometer dagegen schon noch ein höchst ungewöhnliches Ereignis. Da die Straße durch ein Naturschutzgebiet führt, muss die Tour dort oben wegen der Murmeltiere leise sein. Also keine hupenden Autos, kein Geplärre aus den Lautsprechern der Werbekarawane, die auch keine kleinen Präsente aus den Autos werfen darf. Hier oben wird eines der lautesten Sportereignisse der Welt für ein paar Minuten ganz leise. Dann stürzen sich die Fahrer in die Abfahrt, und die Murmeltiere haben die Steinwüste wieder für sich. Manchmal wird die Berglandschaft für die Profis aber auch zur Falle.

Tiefe Stürze

In den Bergen wundert man sich vor allem über eines: Warum passiert auf den Abfahrten nicht mehr? Für normale Radfahrer ist es unvorstellbar, mit welchem Furor sich die Profis in die Tiefe stürzen. Dabei erreichen sie manchmal Geschwindigkeiten, die man in Frankreich nicht mal auf der Autobahn fahren darf. 2016 wurden bei dem Sachsen Marcus Burghardt unfassbare 130,7 Stundenkilometer gemessen. Der Profi des US-Teams BMC erreichte diesen Wahnsinnsspeed bei der Abfahrt vom Port de la Bonaigua in den spanischen Pyrenäen. Wahrscheinlich ist das noch nicht einmal der Rekord, denn man konnte die Geschwindigkeit von Burghardt nur deshalb ermitteln, weil er das Routensystem „Strava" aktiviert hatte. Glaubt man Erzählungen der Profis, haben einzelne Fahrer auch schon 145 Sachen erreicht, dokumentiert ist das allerdings nicht.

Für normale Radfahrer ist es unvorstellbar, mit welchem Furor sich die Profis in die Tiefe stürzen.

Meistens geht die Raserei ja gut. Manchmal aber auch nicht, und am 17. Juli 1951 muss sich deshalb eine ganze Schar von Schutzengeln am Col d'Aubisque eingefunden haben. Es war ein strahlend schöner Tag, kein Regen, alles bestens. Der Niederländer Wim van Est trug an diesem Tag das Gelbe Trikot. Für den Flachländer eine zweifache Premiere: Zum einen hatte vorher noch nie ein Holländer das Leadertrikot der Tour getragen, und van Est war auch noch nie in den Pyrenäen unterwegs gewesen. Die Bergriesen waren Neuland für ihn. Und schon bei seiner ersten Abfahrt vom Aubisque rächte sich seine Unerfahrenheit. Wim van Est kam nach einem Reifenplatzer von der Straße ab, stürzte in eine Schlucht und kam erst 70 Meter tiefer zum Halten. Normalerweise kann man einen solchen Sturz kaum überleben – der 28-Jährige fiel

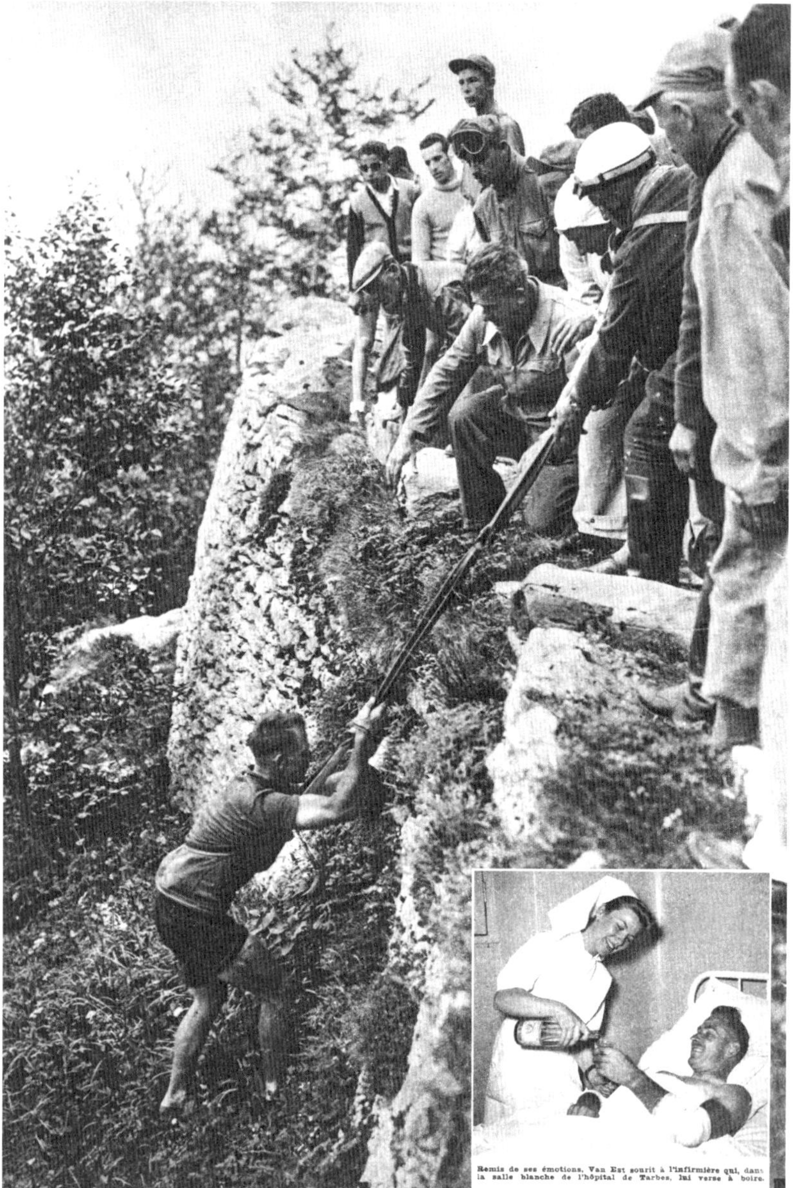

Happy End nach tiefem Fall: Wim van Est wird mit Radschläuchen aus der Schlucht gezogen und später liebevoll gepflegt.

aber nicht auf den Fels, sondern auf einen Streifen Erde. Kurz danach war klar: Der Mann war am Leben – nur wie brachte man ihn wieder hoch? Heute ruft man für solche Aktionen den Hubschrauber. Damals banden Zuschauer und die Begleiter schließlich 40 Fahrradschläuche zusammen und zogen van Est wieder hinauf auf die Straße. Der hatte nur ein paar Kratzer und wäre am liebsten weitergefahren. Man brachte ihn dennoch in ein Krankenhaus, aber auch dort fand man keine schweren Verletzungen. Trotzdem war das Rennen für ihn vorbei; der unfassbare Sturz aber wurde zu einer Tourlegende. Und Wim van Est nutzte den Vorfall später noch kommerziell mit einer Uhrenwerbung für sich aus. „Mein Herz hörte auf zu schlagen, aber meine Pontiac lief weiter“, so lautete der Slogan.

Wim van Est konnte seine Karriere fortsetzten, die Berge der Tour haben aber auch manchem großen Rennfahrer so hart zugesetzt, dass es für sie nicht so gut ausging wie für den Holländer. Und dazu brauchte es nicht einmal das Hochgebirge. Im Jahr 1960 galt der Franzose Roger Rivière als einer der heißen Favoriten für den Toursieg. Jacques Anquetil war in diesem Jahr nicht am Start; es lief auf einen Zweikampf zwischen Rivière, der als erster Profi beim Stundenweltrekord die 47-Kilometer-Marke geknackt hatte, und dem italienischen Kapitän Gastone Nencini hinaus. Zumindest in der Theorie. In der Praxis zunächst auch. Roger Rivière hatte vor der fatalen 14. Etappe schon drei Tagessiege auf dem Konto, das Gelbe Trikot Nencinis lag in Reichweite, aber der in Frankreich überaus populäre Profi sollte es nie tragen. Am 10. Juli 1960 stürzte Rivière zwischen Millau und Avignon, unweit der Côte d'Azur, auf der Abfahrt vom Col de Perjuret in eine Schlucht. Die war nicht so tief wie die von Wim van Est, aber auch 30 Meter Absturz reichen, um eine Karriere zu zerstören. Roger Rivière brach sich die Wirbelsäule und erlitt zudem schwere Kopfverletzungen. Die Karriere war mit nur 24 Jahren beendet, der aufstrebende Star war von da an auf den Rollstuhl angewiesen, bekam Probleme mit Drogen und starb schließlich 1976 mit nur 40 Jahren an Krebs.

Heute erinnert ein Denkmal am Col du Perjuret an den fatalen Unfall. Eines von sehr vielen, die es bei der Tour de France an Pässen und Gipfeln gibt – auch als Zeichen, dass die Tour stets bemüht ist, ihre Helden in der Erinnerung und damit auch im Gespräch zu halten. Ganz egal, ob es nun Profis oder Funktionäre sind, Hauptsache, sie rücken das Rennen in ein heroisches Licht. Für die großen Rivalen Fausto Coppi und Louison Bobet gibt es eine gemeinsame Gedenktafel, wenige Kilometer unterhalb der Passhöhe des Col d'Izoard an einem Felsen in der Casse Déserte, einer Steinwüste mit Schutthalden, Felsnadeln und viel Geröll. Gino Bartali, kurioserweise noch ein Italiener, wird mit einem Denkmal in Briançon geehrt, wo er sich einst einen großen, aber vor allem fairen Wettkampf mit dem deutlich jüngeren Coppi geliefert hat. Tourgründer Henri Desgrange hat sein Denkmal auf dem 2.645 Meter hohen Col du Galibier, wo nur etwas weiter unten Marco Pantani ebenfalls eine Plakette auf der Straße hat – exakt an der Stelle, an der er 1998 seine entscheidende Attacke gegen den Mann im Gelben Trikot lancierte. Das trug an diesem Tag noch Jan Ullrich. Desgranges Nachfolger Jacques Goddet, der zwischen 1936 und 1986 stolze 50 Jahre an der Spitze der Tour stand, wird auf dem Col du Tourmalet in gut 2.200 Metern Höhe geehrt. Einen Gedenkstein gibt es auch kurz vor dem Gipfel des Mont Ventoux für den Briten Tom Simpson. Der Stein wurde genau da in der Felswüste installiert, wo Simpson am 13. Juli 1967, in Führung liegend, komplett dehydriert und voll mit Amphetaminen am Straßenrand gestorben ist. Es wird also viel geehrt bei der Tour – natürlich auch an den berühmten 21 Kehren hinauf nach Alpe d'Huez. Dort in den Kurven werden die Etappensieger dieser Mutter alle Bergankünfte mit Namensschildern hofiert, wobei zwei der Schilder (Kehre 19 und 21) entfernt worden sind. Dort stand bis zur Annullierung aller seiner Erfolge bei der Tour der Name Lance Armstrong.

Der Berg der Holländer

Auf fast einem Drittel dieser Tafeln stehen übrigens holländische Namen, was dann doch ein wenig wundert, schließlich heißen die Niederlande ja nicht umsonst so. Das Land ist überwiegend flach, Berge gibt es keine, oder zumindest keine, die man irgendwie mit dem Hochgebirge bei der Tour vergleichen könnte. Hollands mächtigste Erhebung nennt sich Vaalserberg und ragt gerade mal 337 Meter über den Meeresspiegel hinaus. Trotzdem treffen sich, immer wenn die Tour nach Alpe d'Huez kommt, Tausende Holländer traditionell in Kehre sieben auf 1.390 Metern Höhe unweit eines kleinen Friedhofs. Dort machen sie dann einen derartigen Krach, dass man selbst als Hobbyfahrer einen Zahn zulegt, um dem akustischen Terror aus riesigen Boxen und Tröten zu entgehen. Und dem penetranten Gestank nach Urin und Bier. Der Auftrieb der Holländer hat

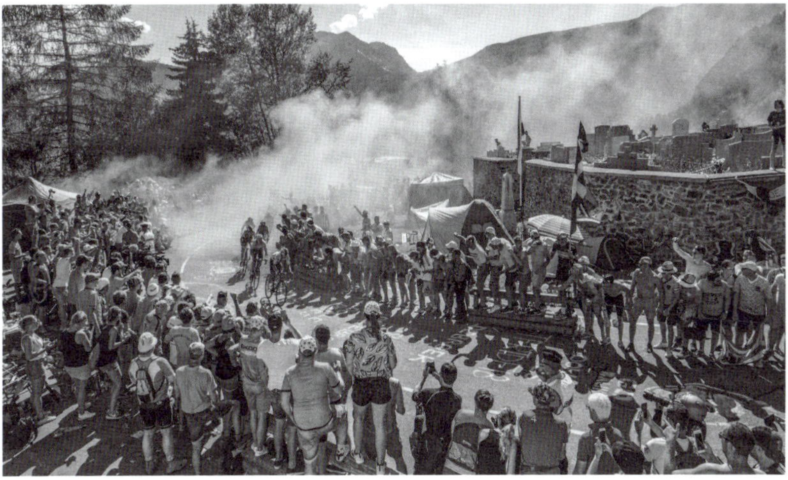

Kehre sieben auf dem Weg nach Alpe d'Huez, die Kurve der Holländer: Da durchzufahren ist für jeden ein Erlebnis der ganz besonderen Art.

aber einen guten Grund. Acht der bisher 30 Ankünfte, seit Fausto Coppi 1952 die erste Ankunft in der Skistation gewonnen hat, haben kurioserweise Niederländer für sich entschieden. Regelrecht rekordträchtig waren die Jahre zwischen 1976 und 1983. In dieser Zeit gab es acht Zielankünfte hoch über Bourg d'Oisans, sechs davon gingen an die Herren Joop Zoetemelk, Hennie Kuiper und Peter Winnen, die jeweils zweimal dieses Monument von Bergankunft für sich entschieden. Eine außergewöhnliche Häufung für die Flachländer. Immerhin geht es 13,8 Kilometer bergauf, mit einem Höhenunterschied von 1.090 Metern und einer durchschnittlichen Steigung von 7,9 Prozent. Das ist ein bisschen mehr als der Vaalserberg. Gelohnt hat sich die Mühe für die Holländer allemal. Alle wurden große Stars, nicht nur in ihrer Heimat, und Winnen schrieb damals in einem Brief an seinen Kumpel Hans: „Merkwürdig eigentlich, dass eine einzige Tour de France, eine einzige Etappe der Tour, nein, die letzten sieben Kilometer dieser Etappe eine Verdoppelung der Bezüge zur Folge haben kann." Kurzum, wer in Alpe d'Huez gewinnt, bekommt nicht nur eine Ehrentafel in einer der 21 Kehren, es lohnt sich offensichtlich auch finanziell. Einen deutschen Sieger gab es in Alpe d'Huez übrigens noch nie. Jan Ullrich war 2004 Zweiter beim legendären Zeitfahren, das angeblich eine Million Menschen an der Straße verfolgt haben. Damals gewann Lance Armstrong. Der Erfolg wurde ihm zwar nachträglich wegen Dopings aberkannt, einen Nachrücker gibt es aber nicht, also auch bisher keinen deutschen Etappensieger in Alpe d'Huez. Der Pfälzer Udo Bölts wurde 1994 noch Dritter. Der legendäre Anstieg in Savoyen hat übrigens auch noch andere Premieren gefeiert. 1952 war der erste Besuch des Rennens in der Skistation auch die erste Bergankunft überhaupt in der Tourgeschichte. Heute sind Bergankünfte das Salz in der Suppe des Rennens. Das erste Rendez-

Kurzum, wer in Alpe d'Huez gewinnt, bekommt nicht nur eine Ehrentafel in einer der 21 Kehren, es lohnt sich offensichtlich auch finanziell.

vous 1952 war auch die erste Etappe in der Historie, die von einer auf einem Motorrad montierten Kamera begleitet wurde.

Manchmal wünschen sich die Profis aber sicher, dass es diese Bilder nicht gibt und das Motorrad möglichst weit weg ist. So ging es auch einem deutschen Profi, der in den Rampen an sein Limit kam und der auch viele Jahre später noch die Erschöpfung spürt, wenn er an die letzte Stunde seines Abenteuers denkt. Es war im Jahr 2003, die Tour rollte zuerst über die Alpen und dann in die Pyrenäen. Die siebte Etappe am 11. Juli von Lyon in das Bergdorf Morzine war mit 230,5 Kilometern auch die längste. Das deutsche Team Telekom war ohne Jan Ullrich am Start. Der hatte im Jahr zuvor mit seinem Mentor Rudy Pevenage das Team verlassen müssen, nachdem er sich Eskapaden wie eine alkoholisierte Autofahrt und Amphetamine in einer Disco erlaubt hatte. Das war zwar alles kein Doping, passte aber nicht zum Image, das das Bonner Team pflegte. Ullrich fuhr die Tour 2003 für das Team Bianchi; Telekom hatte also keinen Fahrer für das Gesamtklassement und konzentrierte sich auf Etappensiege durch Erik Zabel, was aber nicht klappte. Ohne „Ulle“ als Mann für das Gesamtklassement hatten viele sonstige Helfer in den Bergen freie Fahrt. Und deshalb war Rolf Aldag an diesem Tag in einer Ausreißergruppe auf dem Weg über sechs Bergwertungen nach Morzine. Der lange Westfale ist eigentlich kein Mann des Gebirges, aber an diesem Tag ging er an sein absolutes Limit, fuhr dann die letzte Rampe lange zusammen mit Richard Virenque an der Spitze. Am Ende konnte er den Mann im gepunkteten Trikot des besten Bergfahrers nicht mehr halten, kam aber nach der Abfahrt hinunter nach Morzine als Zweiter ins Ziel, noch vor den großen Favoriten wie Lance Armstrong oder Jan Ullrich.

Bei der Siegerehrung tauschte Virenque das Bergtrikot gegen das Gelbe Trikot des Gesamtführenden. Und da ja einer am anderen Tag auf dem Weg nach Alpe d’Huez das gepunktete Trikot des besten Kletterers tragen musste, wurde es an die Nummer zwei der Berg-

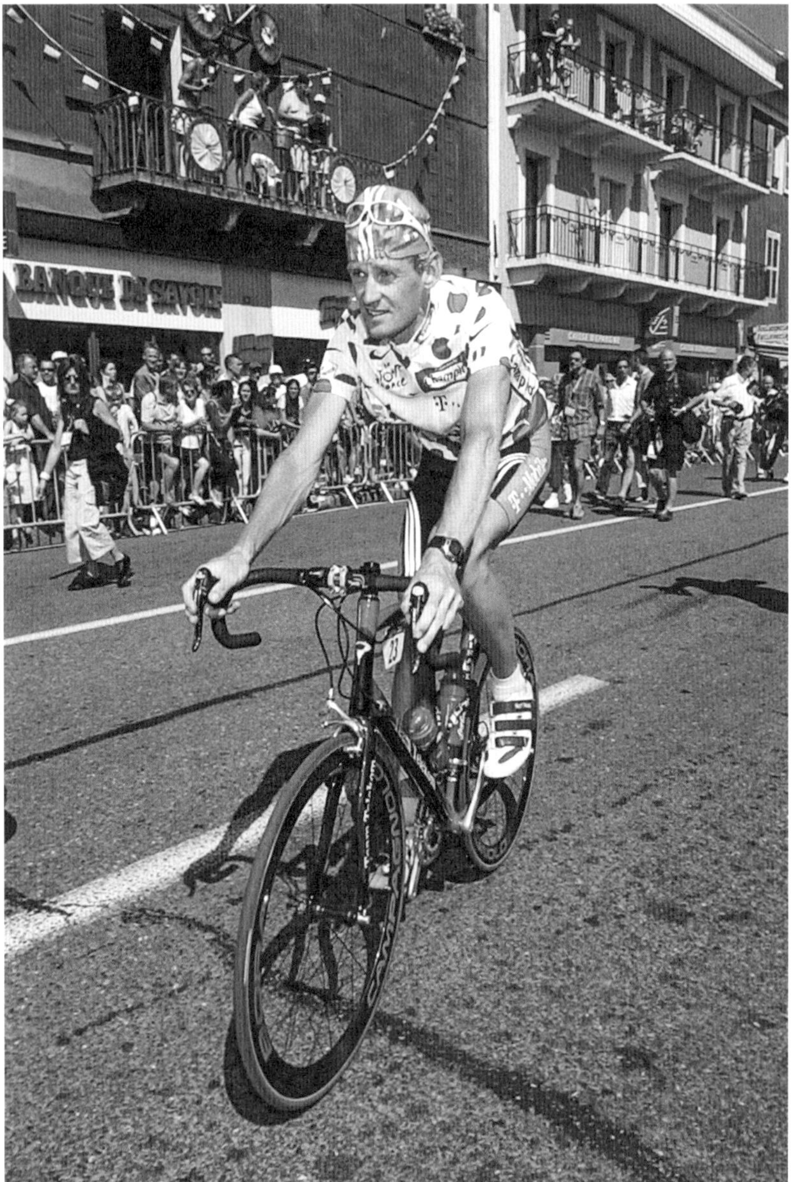

Guter Mann im falschen Textil: Rolf Aldag darf, nein muss, im Trikot des besten Bergfahrers hinauf nach Alpe d'Huez.

wertung weitergereicht – und das war eben der wackere Rolf Aldag. „Mir war aber schon am nächsten Morgen klar, dass ich dem Trikot nicht wirklich Ehre machen würde“, erinnert er sich. Aldag war zwar ein erfahrener Profi, aber die 230 Kilometer und das Finale gegen Virenque hatten ihn ausgepumpt. Und so wurde der Mann im Bergtrikot schon am ersten Hügel der Côte de Megève abgehängt. „Ich konnte mich dann bis zum Anstieg nach Alpe d'Huez mit aller Kraft noch ins letzte Grupetto vorkämpfen, aber mehr auch nicht“, sagte er. Und so fuhr das Trikot des besten Bergfahrers am Ende des Feldes die berühmten 21 Kehren hoch. Aldags Fazit: „Ich glaube, es ist noch nie ein gepunktetes Trikot so langsam da hoch gefahren.“ Möglich, aber das Trikot am Tag zuvor zu holen, war eine große Leistung. Nach der Ankunft in Alpe d'Huez war er das rot gepunktete Leibchen wieder los, lag aber in der Bergwertung immer noch auf Platz vier. Vielleicht hat ihn in diesen Tagen auch ein Filmprojekt befeuert. Aldag wurde bei der Tour 2003 zusammen mit Erik Zabel vom Filmemacher und Oscar-Preisträger Pepe Danquart mit der Kamera begleitet. Der Streifen kam später in die Kinos, und der Titel war irgendwie Programm: *Höllentour*.

Das Bergtrikot ging aber auch mit einem anderen deutschen Profi fremd. Es war im Jahr 2000, als dem Kölner Sprinter Marcel Wüst ein Coup gelang. Im Prolog donnerte er als Schnellster über eine kleine Erhebung, die man nicht mal beim besten Willen oder als Flachländer als Berg bezeichnen konnte, und schlüpfte deshalb für die ersten vier Tage ins Trikot des besten Bergfahrers. Und in diesem Trikot gewann er dann den Sprint der vierten Etappe von Vannes nach Vitré gegen Erik Zabel und trug für zwei Tage das Grüne Trikot. Frankreichs Straßen hatten für ihn aber nicht nur die Sonnenseiten parat. Ein paar Wochen nach der Tour stürzte er bei einem Rennen in Issoire schwer und ist seither auf dem rechten Auge blind. Der Sturz beendete auch seine Karriere als Profi.

Der Letzte als Erster

Dass die Tour auch in den Bergen teilweise recht taktisch unterwegs ist, liegt in der Natur des Rennens. Manchmal sprengen aber auch Profis ganz bewusst eigentlich fest zementierte Strukturen, düpieren dabei den Rest des Feldes und erschaffen Geschichten, die man so eigentlich nicht für möglich gehalten hätte. Eine dieser unglaublichen Storys schrieb am 18. Juli 1969 der Franzose Pierre Matignon. Der Mann trägt einen großen Namen, aber nicht im Radsport: Das Hôtel Matignon in Paris dient dem französischen Premierminister seit Generationen als Amts- und Wohnsitz. Der brave Pierre mit dem großen Nachnamen war ein bescheidener Radprofi, ein Helfer des Portugiesen Joaquim Agostinho, und mit einer fast unbekannten kleinen Equipe mit dem sehr langen Namen Frimatic-Viva-De-Gribaldy-Wolber unterwegs. Matignon war vor der 20. Etappe von Brive-la-Gaillarde zur Bergankunft auf dem erloschenen Vulkan Puy de Dôme Letzter im Gesamtklassement, mit mehr als drei Stunden Rückstand auf Eddy Merckx im Gelben Trikot. Seine Taktik hätte eigentlich sein müssen, diesen letzten Platz bis Paris zu verteidigen, denn der war für die Engagements nach der Tour bares Geld wert, weil der Letzte (die „Rote Laterne“) damals auch eine gewisse Prominenz besaß.

Die Tour ist auch in den Bergen teilweise recht taktisch unterwegs, dies liegt in der Natur des Rennens.

Matignon sagte aber hinterher, dass er sich als Letzter „lächerlich“ gefühlt habe und dass er seinen Namen wenigstens einmal in einem amtlichen Rennbericht in der Zeitung habe lesen wollen. Also attackierte er trotz großer Hitze und der Aussicht auf den brutalen Schlussanstieg und setzte sich zusammen mit einem anderen Fahrer ab.

Den schüttelte er bis zum Beginn des Anstiegs am Puy de Dôme auch noch ab und fuhr mit einem Vorsprung von gut sieben Minuten auf die Gruppe um Eddy Merckx ins Finale. Sieben Minuten sind auf den 800 schweren Höhenmetern schnell weg, aber Pierre Matignon trat sich die Seele aus dem Leib und erreichte als Letzter der Gesamtwertung als Erster das Ziel, wo er immer noch knapp anderthalb Minuten vor Merckx eintraf. „Der Erste begnügte sich damit, der Erste hinter dem Letzten zu sein", schwurbelte Tourchef Jacques Goddet in der *L'Équipe*. Und fand dies natürlich „wunderbar". Wobei „begnügen" im Zusammenhang mit Merckx der Sache nicht gerecht wird. Es war die erste Tour des damals 24-jährigen Belgiers, und ein paar Tage später in Paris hatte er nicht nur die Tour, sondern auch alle Wertungen gewonnen. Also auch das Grüne Trikot des besten Sprinters, das Bergtrikot und eine damals neue Kombinationswertung. Pierre Matignon aber war seinen letzten Platz los.

1994 gelang dem Italiener Eros Poli dann noch einmal etwas Ähnliches wie Matignon. Der Helfer im Team Mercatone Uno riss auf der 235 Kilometer langen Etappe von Montpellier nach Carpentras schon früh aus. Niemand wollte ihm bei dieser Transferetappe kurz vor vier schweren Alpenprüfungen folgen, zumal dem langen Kerl keine Chance eingeräumt wurde. Schließlich führte das Rennen unmittelbar vor dem Ziel noch über den Mont Ventoux, und Poli war mit seinen 85 Kilo Gewicht alles, nur kein Bergspezialist. Eros Poli erreichte schließlich Bédoin am Fuß des 21 Kilometer langen Anstiegs mit unglaublichen 23:45 Minuten Vorsprung, aber auch das schien zu knapp. Der Mann litt sichtbar, schnitt Grimassen, riss am Lenker und verlor auf jedem Kilometer eine Minute auf die Tempo machenden Stars wie Miguel Indurain, Alex Zülle und Marco Pantani. Am Gipfel hatte er dann tatsächlich noch gut vier Minuten Vorsprung, die er auch auf der Abfahrt und den flachen letzten Kilometern nach Carpentras nicht mehr hergab. Für diesen Ritt wurde Poli zum angriffslustigsten Fahrer der gesamten Tour de France 1994 gewählt. Paris erreichte er dann als Drittletzter im Gesamtklassement, knapp drei Stunden hinter Miguel Indurain. Der hätte bei den Poli-Festspielen am Ventoux übrigens um ein Haar die Tour verloren und ziemlich sicher dann auch seine Gesundheit. Auf der rasenden Abfahrt nach Malaucène verbremste sich Big Mig in einer ungesicherten Kurve und stand kurz quer. Vom Abgrund trennten ihn da nur ein paar Zentimeter. Und das war wieder ein Beispiel dafür, dass die Berge das ureigenste Terrain sind, in dem Toursieger gemacht oder abgeworfen werden.

Fair Play in den Rampen

Die Faszination des Radsports speist sich auch aus dem Verhalten der Rennfahrer untereinander. Natürlich sind in einem Rennen wie der Tour auch Egomanen am Start, Athleten, die nur nach sich selbst schauen. Kapitäne, die das Rennen gewinnen wollen, müssen auch ein gutes Stück weit so gestrickt sein, sonst können sie nicht bestehen. Aber es gibt wohl kaum einen zweiten Sport, der so vom Teamgeist abhängig ist wie der Radsport. Allein gewinnt niemand eine Tour, auf gar keinen Fall. Ohne Helfer ist der Kapitän wie ein Pilot ohne Flugzeug. Da bleiben die Ambitionen brav auf dem Boden. Und so kommt es auch immer wieder zu Situationen, in denen ein Helfer seine eigenen, bescheidenen Interessen vergessen muss, manchmal von einer Sekunde auf die andere. Der Chef hat ein technisches Problem, und der Materialwagen ist zu weit weg? Der Helfer gibt ihm seine Maschine. Der Helfer hat gute Beine und möchte bei einer Etappe oder einer Sonderwertung mal auf Sieg fahren, aber der Chef sagt: „Du bleibst immer dicht bei mir.“ Da gibt es keine Diskussionen, der Helfer hat zu funktionieren, klaglos.

Aus dieser Rollenverteilung ergeben sich manchmal auch berührende Szenen, Momente großer Selbstlosigkeit, die die Radsportfans lieben, weil sie die hart arbeitenden Männer im Schatten der Stars in ein heldenhaftes Licht rücken, so, wie man sie sonst nicht sieht. Kurios wird die Aufteilung aber immer dann, wenn der Helfer plötzlich seinem Chef in den Hintern treten muss. Die berühmteste derartige Szene trug sich wohl 1997 zu, als Udo Bölts den plötzlich an sich zweifelnden Jan Ullrich zwar, wie es sich gehörte, in den Windschatten nahm, ihn aber zumindest verbal regelrecht vor sich herprügelte. Auf der letzten schweren Etappe von Colmar nach Montbéliard versuchte das Team des Franzosen Richard Virenque einen letzten Angriff auf das Gelbe

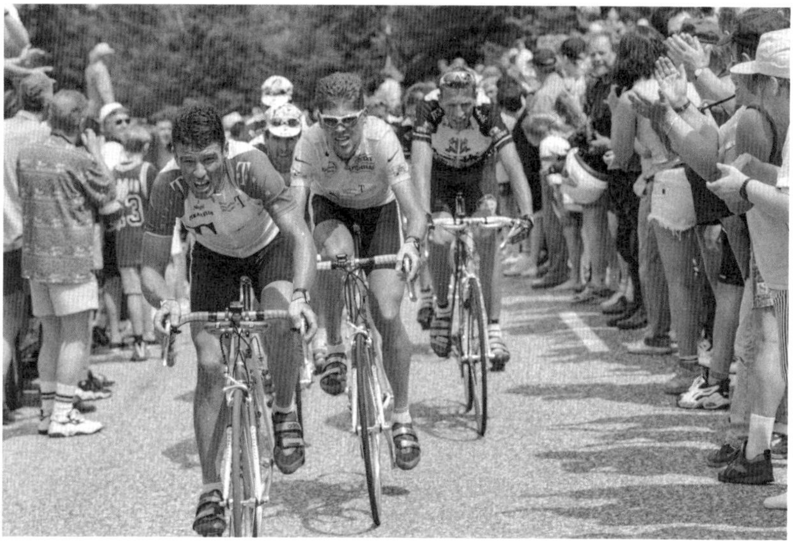

„Quäl dich du Sau“: Udo Bölts kämpft 1997 in den Vogesen mit allerletztem Einsatz für den Toursieg von Jan Ullrich – am Ende mit Erfolg.

Trikot von Ullrich. Der hat zwar mehr als sechs Minuten Vorsprung, ist aber noch ein sehr junger Rennfahrer, und die Tour war lang und hart. Udo Bölts erkennt, dass sein Chef schwächelt, immer wieder brüllt er ihn an, jetzt nicht nachzulassen. In dieser Situation entstand das berühmte „Quäl dich, du Sau!“, was „Ulle“ dann auch wieder aufweckte. Virenques Angriff verpuffte, Ullrich gewann ein paar Tage später die Tour, und der wackere Pfälzer Bölts wurde berühmt für seinen Spruch und stieg zu einem der bestbezahlten Fahrer im Team Telekom auf – und das als Helfer.

Ein wenig merkwürdig wird es natürlich auch, wenn sich Helfer plötzlich nicht mehr an ihre Rolle halten wollen oder sogar vorgeben, dass sie sich eigentlich nicht so recht erinnern können, als Helfer in das Rennen gegangen zu sein. Bewegend war das 1986. Im Jahr zuvor hatte der Franzose Bernard Hinault seine fünfte Tour de France gewonnen und war damit in die Beletage der Fünffachsieger zu Jacques Anquetil und Eddy Merckx aufgestiegen. Ein Bretone im Himmel. „Nächstes Jahr komme ich wieder, aber nur, um dir zu helfen", hatte er nach seinem fünften Sieg seinem amerikanischen Teamkollegen Greg LeMond hoch und heilig und vor allem öffentlich versprochen. LeMond war 1985 eigentlich schon stärker als sein nach einem Sturz geschwächter Kapitän, ließ sich aber auf einen Nichtangriffspakt ein. Allerdings nicht ganz freiwillig. Bernard Tapie, der Eigner der Mannschaft La Vie Claire, in der LeMond und Hinault fuhren, pfiff den jungen Ami in den Pyrenäen persönlich zurück. Das wunderte damals, denn der schillernde Unternehmer hatte LeMond für die für einen Rookie damals außergewöhnlich hohe Jahresgage von einer Million Dollar (880.000 Euro) geködert. Das war fünfmal so viel, wie die Konkurrenz geboten haben soll. Es war also klar, dass LeMond sich dem Chef fügen würde. Im Gegenzug bekam er dafür das Versprechen, 1986 Kapitän zu sein, mit Hinault als Helfer.

Der schien das dann aber ein Jahr später völlig vergessen zu haben. Die Chance, als Erster sechs Toursiege einzufahren, war wohl zu verlockend. Und so attackierte der wegen seines kämpferischen Naturells „Dachs" genannte Franzose von Beginn an auf Teufel komm raus den Ami, dem er eigentlich helfen wollte bzw. sollte. Verkehrte Welt. Hinault rast in den Pyrenäen als Helfer ins Gelbe Trikot und will es plötzlich partout nicht mehr hergeben. Auch an sein Versprechen will er sich nur noch dunkel erinnern. Und wichtig sei doch, dass am Ende einer aus der Mannschaft La Vie Claire als Sieger nach Paris komme. Und weil er doch jetzt schon mal im Gelben Trikot sei ... Die Rechnung ging aber nicht auf, dem Amerikaner gelang noch in den Pyrenäen ein Konter, mit dem er wieder nahe an Hinault heranrückte. In den Alpen hängte er ihn schließlich ab. LeMond war schon im Gelben Trikot, als es dann zum Showdown in Alpe d'Huez kam. Die beiden fuhren das Feld auseinander und lieferten sich auf den 21 Kehren hinauf in die Skistation einen finalen Kampf. Hinault beteu-

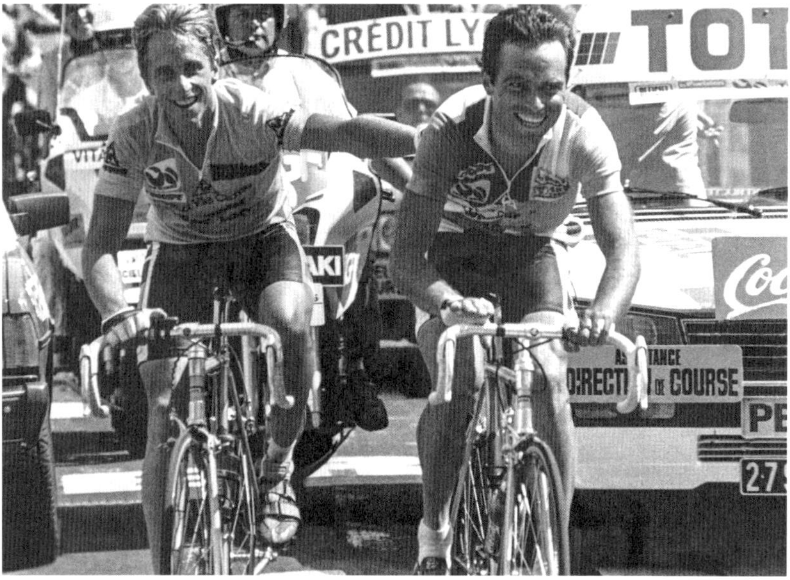

Ein freundliches Lächeln im Ziel für die Kamera nach einem gnadenlosen Kampf: Bernard Hinault (rechts) will Greg LeMond 1986 auf dem Weg nach Alpe d'Huez zu seinem sechsten Toursieg abschütteln, schafft es aber nicht.

erte hinterher, er habe nur deshalb derart am Horn gezogen, damit LeMonds Vorsprung vor den anderen größer wurde. In Wahrheit versuchte er wohl eher mit letzter Kraft, den Ami doch noch zu brechen. Er lag ja nur etwas über drei Minuten zurück, und es kam noch ein Zeitfahren, seine Spezialität. Aber LeMond konterte jede Attacke, und am Schluss rollten sie dann Hand in Hand über die Ziellinie, Hinault drei Zentimeter vor dem Ami. Was aussah wie eine große Geste der Versöhnung, soll aber nach verschiedenen Quellen nur eine von Tapie angeordnete Inszenierung gewesen sein. Auch danach wollte der Dachs noch nicht aufgeben, schaffte aber die Wende nicht mehr. Paris erreichte Hinault immerhin noch als Zweiter der Gesamtwertung. Und das als Helfer wider Willen. Das kommt vor, wie auch bei Bjarne Riis und Jan Ullrich 1996, ist aber doch eher selten.

In der Regel akzeptieren Helfer aber ihre Rolle, und manche sind dabei sogar extrem selbstlos. Oder stellen es zumindest so da. 1934, als noch Nationalmannschaften am Start standen, hatten sich die Franzosen auf Antonin Magne als Chef verständigt. Aber auf einmal ist da ein gewisser René Vietto, vor seiner Zeit als Radprofi Page in einem Hotel in Cannes an der Côte d'Azur, der zwei Alpenetappen gewinnt und dem Führenden näher kommt. Dann geht es in die Pyrenäen. Auf einer Abfahrt stürzt Magne, ein Rad ist verbogen. Vietto gibt im seins. Am nächsten Tag am Portet d'Aspet hat Magne Probleme mit der Kette. Vietto ist schon auf der Abfahrt auf der anderen Seite, als ihn ein Verfolger erreicht und ihm vom Missgeschick Magnes erzählt. Vietto dreht um und fährt kilometerweit wieder den Berg hoch, bis zu seinem Kapitän, dem er schließlich sein komplettes Rad übergibt. Sehr edel – und danach setzt er sich an den Straßenrand und beginnt vor den Tourreportern bitterlich zu jammern, er habe gerade einen möglichen Toursieg verschenkt. Die Herzen der Franzosen hat

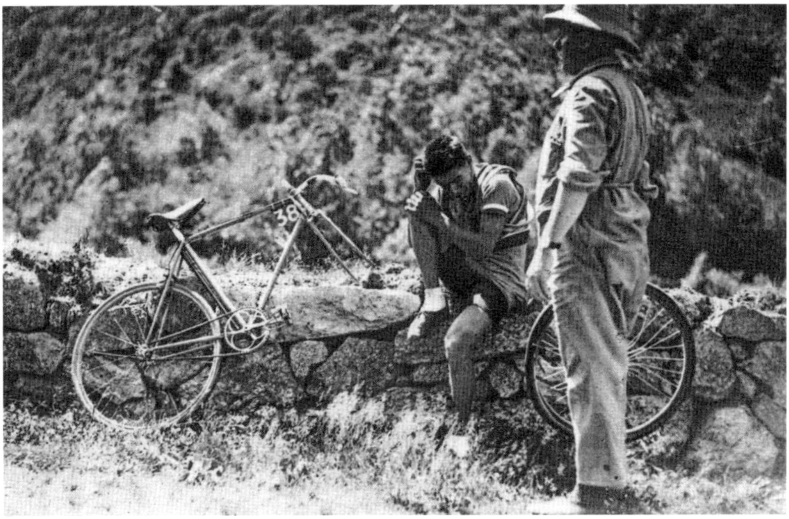

Die Einsamkeit des Helfers: René Vietto muss sein Vorderrad abgeben und damit seine eigenen Ambitionen begraben.

er damit gewonnen, was wohl auch das Kalkül war. Wenn schon nicht gewinnen, dann wenigstens als Held verlieren. Von der Szene gibt es sogar ein Foto, das damals um die Welt ging. Der arme Vietto sitzt allein auf einem Stein am Straßenrand neben seinem Velo und weint. Es gibt Quellen, die behaupten, das Bild sei nachträglich bearbeitet worden, tatsächlich sei er nicht allein gewesen, sondern umgeben von Helfern und Zuschauern. Aber so wirkte es natürlich besser – wenn es denn stimmt. Wie auch immer, der opferwillige Vietto wurde der Sieger der Herzen.

Ein paar Jahre vorher wäre so eine Geschichte schlicht undenkbar gewesen. Bis 1930 war die Tour ein Rennen von Einzelstartern, die sich in jeder Situation selbst helfen mussten. Fremde Hilfe war untersagt; wer dagegen verstieß, bekam Zeitstrafen oder wurde sogar aus dem Rennen geworfen. 1930 fuhren aber erstmals Nationalmannschaften, und die französische Equipe half bei einer schweren Bergetappe André Leducq nach einem Sturz dabei, wieder den Anschluss an die Spitze herzustellen. Am Ende brachte ihn sein Team mit vereinter Kraft so in Position, dass er die Etappe in Évian-les-Bains auch noch gewinnen konnte. Tourchef Desgrange merkte, wie sehr seinen Lesern dieser Teamspirit gefiel, die Geschichten wurden gelesen und begeistert kommentiert. Es dauerte aber noch bis 1934, ehe der knorrige Traditionalist es sogar erlaubte, dass sich Fahrer eines Teams gegenseitig auch mit Material helfen durften. Damit schuf Desgrange unbewusst einen ganz neuen Typ Profi: den Helfer, den Wasserträger, den selbstlosen Mann an der Seite des Stars. Vor 1934 hätte René Vietto sein Vorderrad oder auch sein komplettes Velo überhaupt nicht weitergeben dürfen – und hätte so vielleicht die Tour de France gewonnen, was ihm nie gelang, obwohl er es zwischen 1934 und 1949 insgesamt achtmal versuchte. In seinem Debütjahr 1934, als er sein Rad an Magne abgab, gewann er allein vier Etappen und die Bergwertung und kam als Fünfter ins Ziel.

Ullrichs Abgang über den Lenker

Die Tour ist ein harter Kampf – eine Binsenweisheit. Die Männer, die an der Spitze fahren, müssen um jede Sekunde kämpfen, als gäbe es kein Morgen. Tief in die Herzen der Fans schafft es ein Sieger aber nur, wenn er bei all seinen Erfolgen – oder auch bei Niederlagen – menschliche Größe zeigt. So bekam zum Beispiel der Spanier Miguel Indurain am Ende der Tour 1996 in Paris mehr Applaus als der Sieger Bjarne Riis. Nach der Siegerehrung fahren noch einmal alle Mannschaften an den Zuschauern vorbei, und bei dieser Tour d'Honneur feierte Paris vor allem den fünffachen Toursieger aus dem Baskenland. Der Grund war klar: Indurain war die Tour aufrecht zu Ende gefahren, obwohl schon nach neun Tagen klar gewesen war, dass er sie nicht zum sechsten Mal würde gewinnen können. Andere steigen da lieber aus, aber Big Mig fuhr seine letzte Tour zu Ende, kam als Elfter auf die Champs-Élysées und wurde damit vollends zu einem der größten Profis der Geschichte.

Die Männer, die an der Spitze fahren, müssen um jede Sekunde kämpfen, als gäbe es kein Morgen.

An der Spitze tut man sich mit solcher Größe auch manchmal schwer, schließlich geht es um viel. Aber ausgerechnet Lance Armstrong, der seine Karriere auf Lüge, Betrug und Doping aufgebaut hat und der mutmaßlich für drei Sekunden Vorsprung seine Mutter verkauft hätte, ließ in einem ganz kuriosen Moment großen Sportsgeist und Fairness aufblitzen. Es war im Jahr 2001 in den Pyrenäen, die 13. Etappe zur Bergankunft in Saint-Lary-Soulan führte über fünf berühmte Pässe. Armstrong fuhr im Gelben Trikot, sein Herausforderer Jan Ullrich in

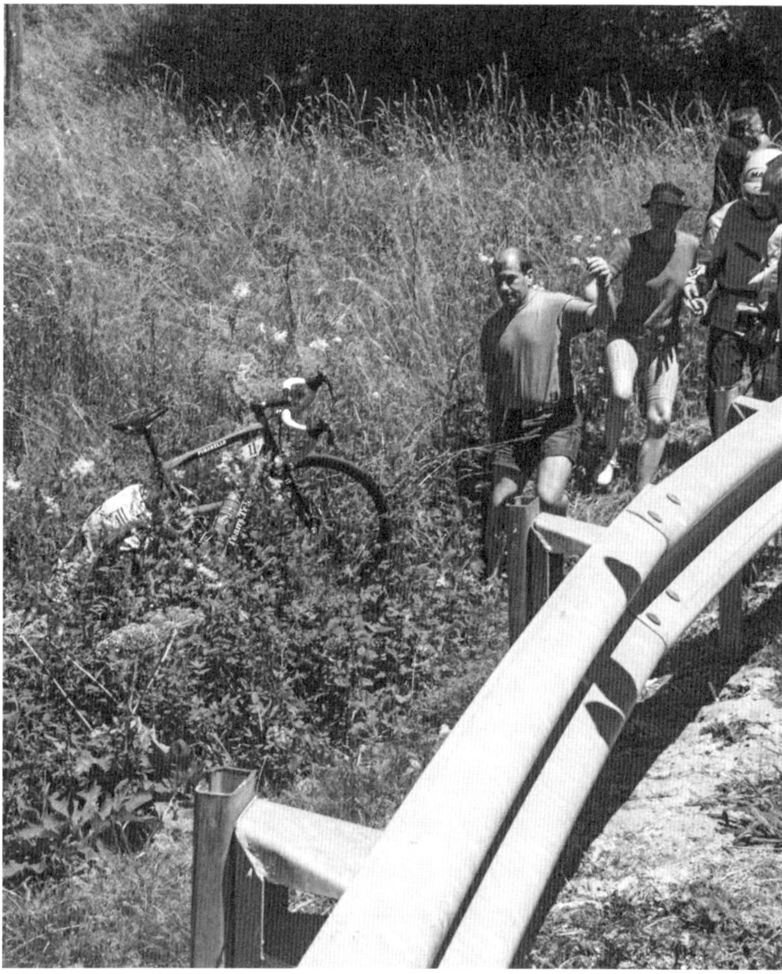

Mühsame Rückkehr ins Rennen: Jan Ullrich krabbelt nach einem kapitalen Sturz in den Pyrenäen mit seinem Rad zurück auf die Strecke.

den Farben des deutschen Meisters. Auf der Abfahrt vom Peyresourde verbremst sich „Ulle" spektakulär, stürzt kopfüber über eine Leitplanke und verschwindet im Abhang. Armstrong kriegt das zunächst nicht mit; als man ihm dann aber die Info übermittelt, nimmt er die

Beine hoch. Niemand hätte ihm einen Vorwurf machen können, wenn er Ullrich an diesem Tag endgültig als Konkurrenten abgeschüttelt hätte, aber der Mann in Gelb zeigt Größe. Derweil krabbelt Ullrich zurück auf die Straße und hetzt kurz darauf zusammen mit seinem Teamkollegen Kevin Livingston, der auf ihn gewartet hat, Armstrong hinterher. Mit dieser Aktion hat der Amerikaner mehr Sympathie gewonnen als mit den meisten seiner Siege. Und es war wohl auch ein kleiner Hinweis darauf, dass der eiskalte Texaner und Superdoper zumindest ein Stück weit ein ganz normaler Sportsmann war.

Zwei Jahre später revanchierte sich Ullrich übrigens. Am 21. Juli 2003 steht die letzte Bergankunft der Tour an. Lance Armstrong hat nur 15 Sekunden Vorsprung auf seinen Dauerwidersacher, als es in den Schlussanstieg nach Luz-Ardiden geht. Armstrong fährt zu dicht an den Zuschauermassen am Straßenrand vorbei, bleibt plötzlich mit seinem Lenker in der Schlaufe eines Beutels hängen und stürzt. Auch Iban Mayo knallt auf die Straße, Ullrich kann mit einem blitzschnellen Manöver ausweichen. Er hat plötzlich den Toursieg vor Augen – und nimmt Tempo raus. Kurz darauf ist Armstrong wieder auf dem Rad, jagt den Konkurrenten hinterher. Beinahe stürzt er noch einmal, weil er aus dem Pedal rutscht, aber dann ist er wieder bei Ullrich – und hängt ihn ab. Im Ziel sind es noch einmal 40 Sekunden. Die Tour ist gelaufen, auch weil Ullrich sie nicht geschenkt wollte. Am Ende fehlen ihm 61 Sekunden. Nach dieser Aktion zeigte sich Armstrong dann wieder gewohnt unsympathisch. „Ullrich hat nicht gewartet“, sagte er, obwohl jeder gesehen hatte, dass dieser nach Armstrongs Sturz nur noch locker weiterfuhr.

Das Wetter

Wir wissen es alle: Radprofis sind harte Hunde. Wer eine Tour de France unter die Pedale nimmt, ist in puncto Leidensfähigkeit einiges gewohnt, oder er bleibt lieber gleich zu Hause. Radfahren am Limit, oft schlechte Hotels am Abend, stundenlange Transfers und – doch, auch das gibt es – gelegentlich Hotelköche, die sich weigern, Pasta zu kochen, weil das zu italienisch sei. Da muss man als Profi durch und sich beugen. Das gilt vor allem auch für das Wetter, das ja bekanntlich alles ist, nur nicht planbar oder verlässlich. Die Tour bietet dazu viele Geschichten und vor allem eine Erkenntnis: Der Juli ist zwar auf dem Papier ein Hochsommermonat, aber trotzdem gibt es meteorologisch alles *en France*, vor allem in den Bergen. Natürlich die normale Gluthitze, wenn der Asphalt zu kleben beginnt und man gar nicht so schnell trinken kann, wie die Zunge vertrocknet. An dem Tag im Juli 1967, als der Brite Tom Simpson zwei Kilometer unterhalb des Gipfels des Mont Ventoux am Straßenrand wegen totaler Überanstrengung starb, wurden im Zielort Carpentras 42 °C gemessen – im Schatten. Simpson starb auch, weil er trotz der großen Hitze so gut wie nichts getrunken hatte. Damals war das noch üblich, weil die Medizin dachte, trinken mache schlapp. Den Flüssigkeitsmangel hätte er aber wohl überstanden, in Verbindung mit den Aufputschmitteln in seinem Körper und der Hitze war dieser medizinische Irrtum allerdings tödlich.

Große Hitze animiert auch immer wieder die Zuschauer, die Fahrer abzukühlen. Manche schütten eimerweise Wasser auf die passierenden Profis, ob denen das nun passt oder nicht. Bei Ortsdurchfahrten hat man auch schon öfters Menschen beobachtet, die mit dem Gartenschlauch nach den Fahrern spritzten. Manchmal geht die durchaus gut gemeinte Aktion aber auch ziemlich schief. So wie bei Jens

Heppner in der Auffahrt nach Alpe d'Huez. Deutsche Fans hatten sich vorgenommen, die Profis des Teams Telekom an diesem heißen Julitag mit kühlem Wasser aus Thermoskannen abzuduschen. Der Fan, der dann „Heppe" kühlen wollte, schnappte sich aber die falsche Thermoskanne und kippte dem armen Kerl Kaffee über den Kopf. Der war, zum Glück für Heppner, nicht mehr kochend heiß, aber noch ordentlich warm und vor allem als Kühlung denkbar ungeeignet. Zudem sah sein Trikot aus, als wäre er einem Güllewagen in die Quere gekommen.

Neben Hitze kennt die Tour trotz des Hochsommers nicht nur Sturzfluten und Landregen, sondern sogar Kälte, Sturm und auch Schnee. Ein kurioses Beispiel: 1996 stand eine Etappe von Val d'Isère nach Sestriere auf dem Plan. Aber am Morgen war klar, dass man unmöglich über den Iseran und den Galibier fahren konnte. Die ganze Nacht hatte es bis auf 1.400 Meter herunter geschneit, und das am 7. Juli. Die Passstraßen auf über 2.000 Metern waren für Fahrräder schlicht unpassierbar. Das war einer der ganz wenigen Momente, in denen die Organisatoren vor dem Wetter einknickten.

Gestartet wurde schließlich erst 46 Kilometer vor Sestriere – bis dahin schlitterten die Profis und der Tross in Autos mit Sommerreifen über den Iseran. Und auch das ist die Tour: Am Straßenrand der abgesagten Passagen standen trotzdem noch Fans, von denen manche in der Höhe in Zelten übernachtet hatten. Jetzt standen sie da und beschimpften die Profis, die ihrer Meinung nach Weicheier waren. „Chicken!", brüllte ein Brite, der in einer kurzen Radhose im Schnee stand. Bei der Tour sind eben nicht nur die Fahrer hart. Die Etappe gewann übrigens ein gewisser Bjarne Riis, der an diesem Tag für sein Team Telekom das Gelbe Trikot übernahm und es bis Paris nicht mehr hergab.

Neben Hitze kennt die Tour trotz des Hochsommers nicht nur Sturzfluten und Landregen, sondern sogar Kälte, Sturm und auch Schnee.

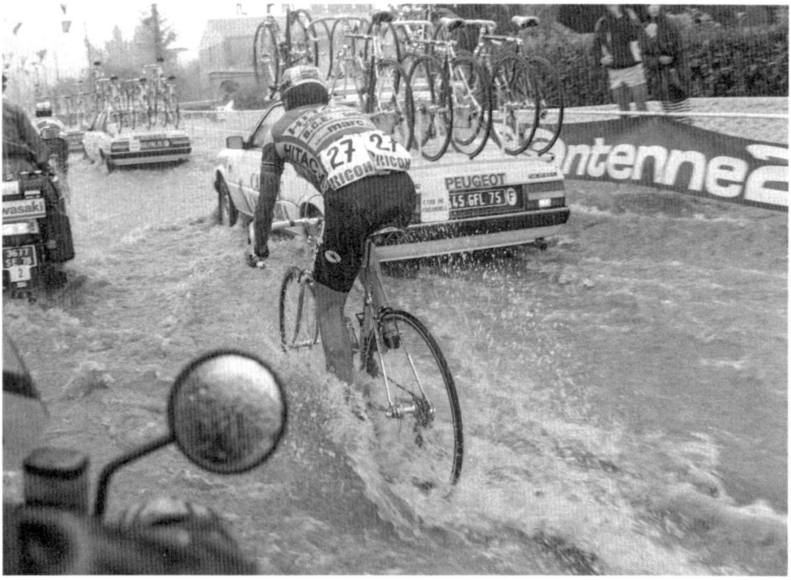

Wasser bis zum Tretlager: Die 15. Etappe der Tour de France 1987 von Tarbes nach Blagnac gewann am Ende der Deutsche Rolf Gölz.

Vom Wetter übel gebeutelt wurde einst auch der Oberschwabe Rolf Gölz. Es geschah auf der 15. Etappe der Tour de France 1987 von Tarbes nach Blagnac am Nordrand der Pyrenäen. Es war schwül und heiß – und dann brach das Inferno los. Regen, ach was, eine Sturzflut kam vom Himmel. Gölz war mit zwei anderen in einer Fluchtgruppe vornweg. „Teilweise stand das Wasser bis zum Tretlager hoch auf der Straße", erinnert sich Gölz. Also treten im Wasser – ziemlich ungemütlich und anstrengend, aber ans Aufgeben dachte er nie. Am Ende setzte er sich im Sprint gegen seine zwei Konkurrenten durch. Auch aus Wut, weil die beiden den ganzen Tag gegen ihn gearbeitet hatten. Da wurde der Oberschwabe dann doch bockig. Die Straße war zwar noch nass, aber nicht mehr überschwemmt. Die Etappe wegen der Sturzflut abzubrechen, daran hat freilich niemand gedacht. Solange man noch mit dem Kopf aus dem Wasser guckt, wird gefahren. Logisch.

Regeln, Taktik und viel Geld

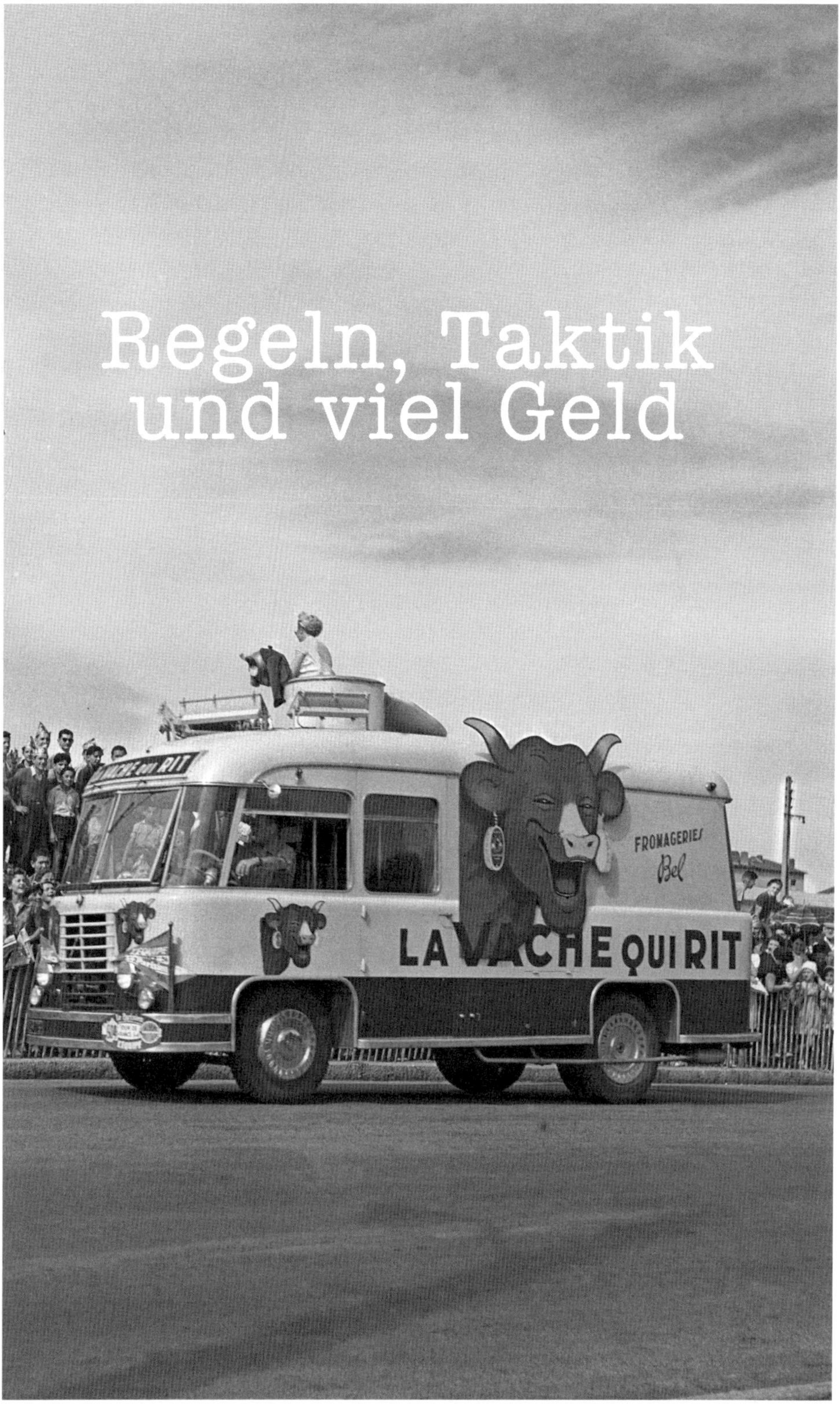

Die Crux mit den Regeln

Das Regelwerk der Tour de France ist alles, nur kein schmales Büchlein. Kann auch nicht sein, wenn 200 Radfahrer, begleitet von 4.000 Menschen, an etwa 15 Millionen Leuten vorbeirasen und jeder der Profis – im Rahmen seiner Möglichkeiten – so gut wie möglich abschneiden will. Da müssen klare Spielregeln her, sonst wäre das Chaos, das ja generell immer ein wenig über der Tour hängt, vollends nicht mehr zu bändigen. Natürlich muss vor allem der Verkehr auf der Rennstrecke nach Vorgaben ablaufen, die jeder kennen sollte; die Betonung liegt auf „sollte". Wer darf wann wen wo überholen, wer darf überhaupt mit dem Auto auf den Kurs? Wer darf nur vor dem Rennen fahren, wer dahinter; und wer hat die Erlaubnis, die Rennfahrer oder die Werbekarawane zu überholen? All diese Fragen sind penibel geregelt. Um allein die verschiedenen im Regelwerk skizzierten Verkehrsszenarien zu kapieren, sollte man einst bei der theoretischen Führerscheinprüfung am besten keine oder nur sehr wenige Probleme gehabt haben.

Das Regelwerk der Tour de France ist alles, nur kein schmales Büchlein.

Die Tour beschränkt sich aber nicht darauf, Verkehrsregeln aufzustellen und Preisgeldlisten zu veröffentlichen. Einfach gesagt, wollen die Veranstalter schlicht alles rund um das Rennen regeln. Das passt nicht wirklich in unser Bild vom Laisser-faire-Franzosen, ist aber so. Und an so mancher Regel hätte auch jeder deutsche Bürokrat seine helle Freude. Allein das Regelwerk, welcher Zeitabstand bei einer nach etlichen Kriterien gewichteten Etappe gerade noch reicht, um nicht aus dem Zeitlimit zu fallen, kennt mehr Formeln, als es Mannschaften bei der Tour gibt. Wobei es dann im echten Leben so ist, dass man, wenn am Ende zu viele Profis aus dem Zeitlimit fallen, so lange rechnet, bis es irgendwie wieder passt. Bevor das Tour-Peloton nach der ersten schweren Bergetappe womöglich nur noch mit 50 Profis weiterfährt, rechnet man sich das Ergebnis lieber gerade. Manchmal hilft aber auch das nichts, wie 2018, als man erstmals in den Alpen und Pyrenäen sehr kurze, aber hammerschwere Etappen fahren ließ. Die Gipfelhatz mit entsprechend kurzer Karenzzeit killte in drei Tagen nahezu die gesamte Sprinterelite. Deutschlands Topstar Marcel Kittel fiel ebenso wie der 30-fache Etappensieger Mark Cavendish aus dem Zeitlimit. André Greipel, Fernando Gaviria und Dylan Groenewegen gaben vorsorglich auf. Zusammen haben diese Herren 60 Etappensiege auf ihren Konten, das reicht bei 21 Etappen pro Tour fast für drei Jahre.

Die Tour möchte im Übrigen nicht nur auf der Strecke alles regeln. Auch die An- und Abreise zu den Etappen ist strikt reglementiert, und das führte auch schon zu kuriosen Szenen.

Tour de France 1991: Das Rennen hat zehn Etappen hinter sich und ist in der Nähe von Nantes am Atlantik angekommen. Am darauffolgenden Ruhetag steht der Transfer in den Süden, nach Pau, am Nordrand der Pyrenäen, auf dem Programm. Immerhin stolze 550 Kilometer. Die Tour hatte verfügt, dass die Fahrer per Flugzeug transferiert werden, damit sie auch noch etwas von ihrem Ruhetag hätten. Der Schweizer Profi Urs Zimmermann, 1986 immerhin Dritter bei der Tour, will aber partout nicht in ein Flugzeug steigen. Den Mann plagt panische Flugangst. Also lässt er sich mit einem Teamauto von Nord nach Süd kutschieren. Das ist sicher nicht förderlich für seine Form und deshalb eher Nach- als Vorteil, aber die Tour beharrt darauf, dass sie bestimmt, wie die Transfers zu laufen haben. Die Folge war klar: Urs Zimmermann wurde disqualifiziert und sollte das Rennen nach

Die Tour möchte im Übrigen nicht nur auf der Strecke alles regeln. Auch die An- und Abreise zu den Etappen ist strikt reglementiert.

dem Ruhetag verlassen. Gesperrt wegen Flugangst. Punkt. Da hatten die Regelwächter aber die Rechnung ohne die Profis gemacht. Zimmermann war kurz vor Ende seiner Karriere keine große Nummer mehr, aber die Solidarität seiner Kollegen, die hatte er. Als die elfte Etappe schließlich gestartet werden sollte, weigerten sich die Rennfahrer strikt, auch nur einen Meter zu fahren. Und zwar alle. Es gab heftige Diskussionen und Drohungen, aber was hätten die Veranstalter machen sollen? Alle Fahrer rausschmeißen? Das ging natürlich nicht, und als die Etappe mit einer Stunde Verzögerung doch noch begann, war einer wieder dabei: Urs Zimmermann. Die Regelhüter fügten sich murrend, aber das Argument, dass man einen Menschen nicht gegen seinen Willen in ein Flugzeug zwingen kann, war dann doch einfach zu überzeugend.

Weniger Glück mit den Regeln hatte 2015 der Argentinier Eduardo Sepúlveda. Klar ist: Laut Reglement hat man die Rennstrecke auf dem Rad und nicht im Auto zurückzulegen. Das wusste sicher auch der Fahrer der französischen Mannschaft Bretagne Séché, aber in der Hektik kann schon mal ein Fehler passieren. Sepúlveda riss damals die Kette, er stürzte. Ein Begleitwagen einer anderen Mannschaft hielt neben ihm an, seine eigenen Leute standen ziemlich genau 100 Meter weiter vorn, konnten aber gegen den Verkehr nicht zurück. Statt zu Fuß zum eigenen Teamauto zu rennen, klettere Sepúlveda in der Hektik in das Auto von AG2R und fuhr die paar Meter mit. Ein Offizieller hatte es gesehen, die Folge war klar: sofortige Disqualifikation. Natürlich hart, aber so ist die Regel, auch wenn man hier sicher ein Auge hätte zudrücken können. Wie so oft, wenn Fahrer nach einem Sturz auf dem Weg zurück ins Hauptfeld deutlich zu lange den Windschatten der Mannschaftswagen am Ende des Feldes nutzen oder sie sich beim Flaschenholen sogar am eigenen Teamauto festhalten. Aber manchmal muss die Tour wohl auch Härte zeigen, damit der Respekt vor der Regel bleibt.

Letztlich hat sich die Tour selbst die Möglichkeit gegeben, nahezu alles in ihrem Sinne zu sanktionieren. Im Regelwerk steht nämlich der nette Passus, dass Fahrer ausgeschlossen werden können, wenn sie sinngemäß den Ruf der Tour de France, des Veranstalters, des Radsports oder Frankreichs beschädigen. Da kann man sich natürlich schnell etwas zusammenbasteln; das ist aber bisher nicht passiert. Zum Glück. Wobei zwei Herren da schon einmal wirklich konkret Glück hatten, denn etwa beim Thema Sexismus versteht die Tour überhaupt keinen Spaß. 2017 gab der belgische Profi Jan Bakelants vor dem Start in Düsseldorf ein Interview, das die Gemüter hochkochen ließ. Zugegeben ist die Frage, wie das denn so sei, drei Wochen ohne Sex, nicht gerade superseriös und auch nicht besonders originell. Die Antwort hatte es aber in sich: Das wisse er nicht, erklärte Bakelants, „es gibt ja noch die Girls von der Siegerehrung". Und dann legte er auch noch nach. Als er gefragt wurde, was er mit nach Frankreich nehmen werde, sagte er: „Auf jeden Fall eine Packung Kondome. Man weiß ja nie, wo sich diese Podiumgirls herumtreiben." Einmal in Fahrt, antwortete er dann auf die Frage, wann er während der Tour seine Eltern anrufen würde: „Wenn mir die Pornos ausgehen." Bakelants entschuldigte sich später via Twitter, und das wohl auch auf deutlichen Druck seines Teams. Er habe nur ein paar Witzchen machen wollen, sagte er. Im Grunde sei er ein braver und treuer Familienvater.

Grundsätzlich ist die Tour de France aber schon eine reine Männerwelt.

Auch Superstar Peter Sagan bekam einmal völlig zu Recht eine sehr deutliche Warnung von Tourchef Christian Prudhomme persönlich, als er einer der Damen bei der Siegerehrung live und in Farbe in den Hintern kniff. Auch er entschuldigte sich, zumindest optisch zerknirscht, auf allen Kanälen. Dabei kann Sex bei der Tour ja durchaus Sinn machen. „Unser Baby ist ein Kind der Tour de France", sagte einst Englands Supersprinter und 30facher Etappensieger der Tour Mark Cavendish über seine im April 2012 geborene Tochter Delilah. Geschadet hat „Cav" die

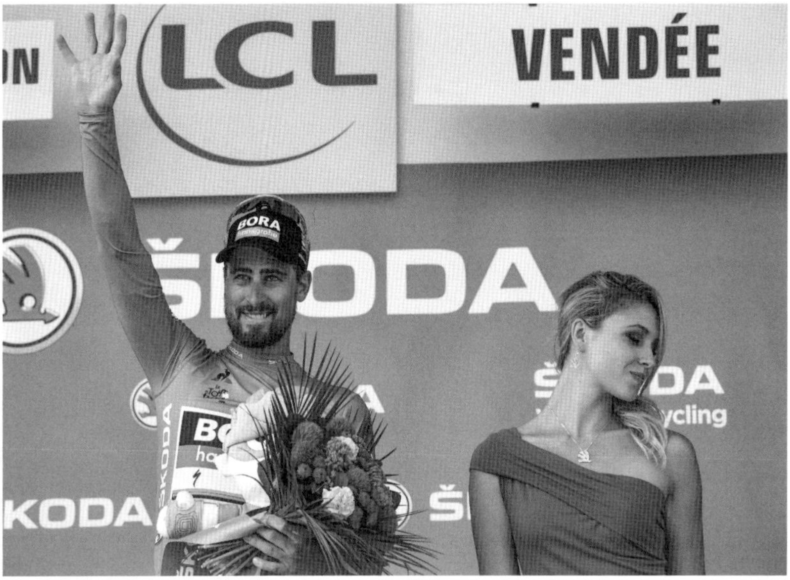

Nicht alle der schönen Frauen bei der Siegerehrung finden die Stars auch nett – besonders, wenn die sich nicht benehmen können.

Zeugung offensichtlich nicht. Allein im Jahr 2011 gewann er fünf Etappen und das Grüne Trikot.

Grundsätzlich ist die Tour de France aber schon eine reine Männerwelt. Und eine doch recht rückwärtsgewandte obendrein. Frauen haben ihren Platz als lächelnde Küsschengeber bei der Siegerehrung, das war es dann aber auch schon fast. Überlegungen, ob diese Art der Siegerehrung heute noch zeitgemäß ist, werden von der Tour regelmäßig abgeschmettert. Anders als zum Beispiel in der Formel 1, in der die meisten Rennen seit 2018 ohne die sogenannten „Grid Girls" auskommen, die extrem leicht bekleidet die Tafeln mit den Namen der Fahrer bei der Startaufstellung hochhalten. Eine Zeit lang bemühte man sich bei der Tour aber zumindest um eine sportliche Würdigung der Frauen. 1984 wurde ein Frauen-Etappenrennen, die Tour Cycliste

Féminin, gegründet. Das Rennen hielt sich unter verschiedenen Namen und Reglements immerhin bis 2009, kam aber doch nie wirklich über den Status eines Vorprogramms hinaus. Danach war dann Schluss, mutmaßlich auch, weil man damit kein Geld verdienen konnte. Und wohl auch, weil die Welt der Tour in puncto Frauen immer noch ziemlich der Zeit hinterherhinkt.

Aus dem Jahr 1986 stammt dazu eine erstaunliche Geschichte. Kurz vor Ende ihrer Amtszeit hatten es die Tourmacher Jacques Goddet und Félix Lévitan geschafft, die erste US-amerikanische Mannschaft zur Tour zu lotsen. Das Team Seven Eleven um Alexi Grewal, den Olympiasieger von Los Angeles 1984, kam mit zwei ungewöhnlichen Personalien zum Prolog nach Boulogne-Billancourt. Da war zuerst ein gewisser Eric Heiden, der 1980 bei den Olympischen Winterspielen in Lake Placid alle fünf möglichen Goldmedaillen im Eisschnelllauf gewonnen hatte und nach seiner Karriere auf dem Eis Radprofi geworden war. Mehr Aufsehen erregte aber noch die Tatsache, dass das Team eine Masseurin mit über den großen Teich gebracht hatte. Eigentlich kaum der Erwähnung wert, aber eine Frau im Tourtross, die mehr tat, als Sieger zu ehren, war ein echtes Novum und löste ein gewaltiges Medienecho aus. Es gab auch tatsächlich Profis, die sich dagegen aussprachen, weil Frauen bei der Tour Unglück brächten. Heute sind übrigens Frauen als Physiotherapeutinnen, Mechanikerinnen oder Helferinnen bei der Tour zwar immer noch deutlich in der Minderheit, aber durchaus präsent und anerkannt. Und sportlich brauchen sie sich auch nicht zu verstecken. Um zu dokumentieren, dass auch Frauen die Tour meistern können, fuhr 2018 eine Gruppe von 13 Rennfahrerinnen immer einen Tag vor den Männern die Etappen ab. Und das ohne Probleme.

Die Rebellion der Pélissiers

Insgesamt behandeln die Regeln der Tour de France die Fahrer heute aber doch mit einer ordentlichen Portion Respekt vor deren Leistung. Dafür haben indes Generationen ihrer Vorgänger teilweise hart streiten müssen. In den Gründerjahrzehnten der Tour hat man die Profis noch in ein sehr eng gewebtes Netz aus gelegentlich völlig unsinnigen Vorschriften gesteckt. Straffe Regeln waren natürlich notwendig, weil manche Profis in Abwesenheit einer überall präsenten Öffentlichkeit versuchten, die teilweise mörderischen Strapazen bei über 400 Kilometer langen Etappen auf nur gelegentlich ordentlich asphaltierten Straßen und mit schaltungslosen, schweren Stahlrössern durch allerlei Tricks zu mindern und manchmal eben auch einen Teil der Etappe im Zug fuhren, sich samt Velo in einem Auto versteckten oder sich von ihm ziehen ließen. Im Gegenzug waren die Organisatoren wirklich nicht zimperlich in ihrer Reaktion. Und das führte 1924 zu einem Streik mit Aufgabe von drei Profis. Das wäre an sich nicht so spektakulär, aber zwei der Aufmüpfigen waren nicht irgendwelche Berufsfahrer, sondern große Stars in Frankreich. Henri Pélissier hatte 1923 die Tour gewonnen und damit eine zwölf Jahre andauernde Dominanz der Belgier beendet, die seit 1912 immer, also genau sieben Mal, den Sieger stellten (von 1915 bis 1918 wurde die Tour wegen des Ersten Weltkriegs nicht ausgetragen). Pélissier war also ein umjubelter Star in Frankreich, und sein jüngerer Bruder Francis hatte sich bei Rennen wie der 600-Kilometer-Schinderei Bordeaux–Paris einen Namen gemacht. Und diese beiden sorgten zusammen mit einem gewissen Maurice Ville für den wohl spektakulärsten Abgang der Tourhistorie. Bei der dritten Etappe von Cherbourg nach Brest beenden die drei nach wenigen Kilometern die Etappe, setzen sich in Coutances in das Café de la Gare und lassen sich drei Tassen heiße Schokolade kommen.

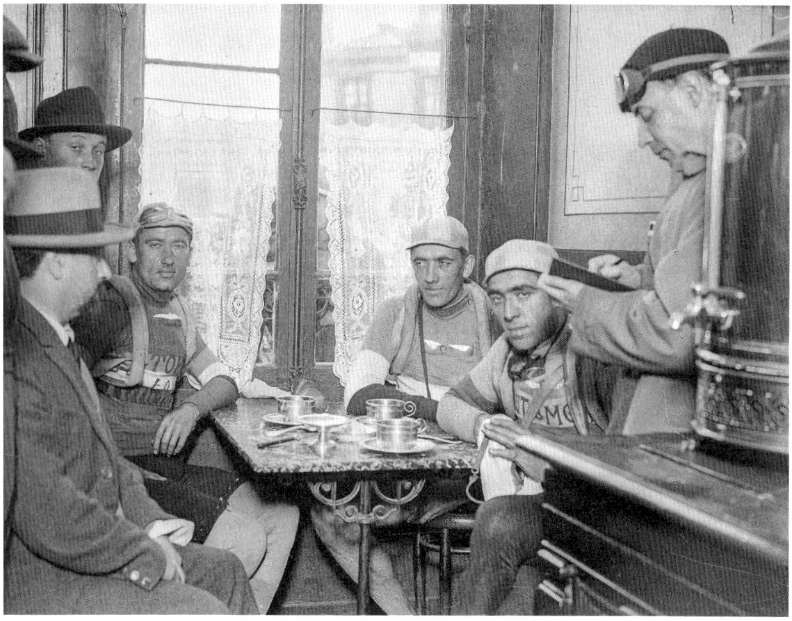

Henri Pélissier (links) und sein Bruder Francis bestätigen im Café de la Gare dem Journalisten Albert Londres ihre Aufgabe.

Als die Nachricht von dem Boykott die Runde macht, eilt der Journalist Albert Londres in das Café und hört sich die Geschichte der zornigen Männer an. Daraus wird einer der berühmtesten Artikel über die Tour. *Les Forçats de la Route,* auf Deutsch: *Die Sträflinge der Landstraße,* beschreibt die Härte des Rennens und den Umgang der Offiziellen mit den Fahrern aus Sicht des populären Pélissier. Dem hatte man eine Zeitstrafe aufgebrummt, weil er tags zuvor mit zwei Trikots übereinander gestartet war und später eines weggeworfen hatte, weil ihm zu warm geworden war. Am nächsten Tag schob ihm ein Kontrolleur am Start in Cherbourg ungefragt das Trikot hoch, um zu schauen, ob er wieder ein zweites trug. „Sie haben mich abgetastet wie einen Dieb", empörte sich Pélissier bei Londres und fügte hinzu: „Ich lasse mich nicht wie einen Hund behandeln."

Der Hintergrund des Ärgers war eine der vielen merkwürdigen Regeln. Es war den Profis freigestellt, auch mit fünf Trikots loszufahren, aber sie mussten dann auch alle wieder mit ins Ziel bringen. Eines wegzuwerfen, war nicht erlaubt, wie man überhaupt in den Augen von Tourchef Henri Desgrange nichts wegwerfen sollte. Pélissier sah das anders. Wenn es zu einem Sprint kam, feuerte er alles, was aus seiner Sicht überflüssig war und ihn behinderte, einfach auf die Straße. Also Ersatzreifen, Luftpumpe, sein Essen und sonstiges Material. Als Desgrange das sah, ließ er die neue Regel aufstellen, wonach man eben alles an Material, mit dem man losgefahren war, auch wieder ins Ziel bringen musste. Und genau deshalb wurde Pélissier vor der Etappe gefilzt: damit man die Anzahl der Trikots am Start notieren konnte. Aus heutiger Sicht ist das Verbot, Dinge wegzuwerfen, schon aus ökologischen Gründen durchaus nachvollziehbar, die Profis waren aber schlicht der Meinung, dass sie mit ihrem Eigentum machen konnten, was immer sie wollten. Außerdem wäre ja niemand da gewesen, dem Pélissier sein Trikot zur Aufbewahrung hätte geben können. Pélissier hätte die Offiziellen sicher noch weiter gereizt, aber dazu kam es nicht mehr. Die Brüder und Maurice Ville stiegen aus Protest gegen die aus ihrer Sicht unwürdige Behandlung aus. Und weil der prominente Tourjournalist Londres schon mal da war, machte Henri Pélissier seinem Ärger über die aus seiner Sicht üblen Schikanen der Tourgranden gleich richtig Luft. Der Artikel erschien schließlich in *Le Petit Parisien*. Er gipfelte dann noch in der Anklage: „Es kommt sicher noch der Tag, an dem sie uns Blei in die Taschen stopfen und behaupten werden, dass Gott den Menschen zu leicht geschaffen hat für das Abenteuer Tour de France."

Die Trikotgrapscherei von Cherbourg war für Pélissier aber nur der berühmte Tropfen, der das Fass zum Überlaufen gebracht hatte. Die Tour sei so hart, dass sie kaum zu ertragen sei, und wenn dann noch Kontrolleure wegen Banalitäten lästig würden, sei es einfach zu viel. Dann zählte der Profi auf, was man aus seiner Sicht alles brauchte, um die Schinderei der Tour zu überstehen: Kokaintropfen für die Augen, Chloroform, Herzpillen und ein Mittel, das er „Dynamit“ nannte. Ohne das Zeug sei es partout nicht möglich, die Tour zu überstehen. Zum Beweis, dass er die Pharmazeutika auch nahm, knallte er Fläschchen und Pillen aus seinem Verpflegungsbeutel vor Londres auf den Tisch.

Die Mittel waren damals nicht verboten, der Artikel von Londres über die „Sträflinge der Landstraße“ spaltete dann aber Frankreich in zwei Lager. Für die einen waren die Pélissiers ehrliche Helden, die Missstände anprangerten, für die anderen weinerliche Weicheier, die sich nicht so haben sollten. Die Pélissiers hielten damals Wort und beendeten die Tour bei einer Tasse heißer Schokolade. Henri kehrte im Jahr darauf noch einmal zum Rennen zurück, fuhr aber auch die Tour 1925 nicht zu Ende. Francis kam noch viele Jahre zurück zur Tour, gewann 1927 auch eine Etappe und blieb dem Radsport später als Sportlicher Leiter treu. Francis Pélissier gilt heute übrigens als Entdecker von Jacques Anquetil.

Einige Jahre später drückte dann Charles Pélissier, der jüngste der drei Pélissier-Brüder, der beim Eklat von Cherbourg noch gar nicht aktiv war, der Tour seinen ganz eigenen Stempel auf. 1930 gewann er acht Etappen, ein Rekord beinahe für die Ewigkeit. Und er wäre es bis heute noch, aber Charles Pélissier wurden zwei weitere Etappenerfolge wegen Rangeleien und Prügeleien hinter der Ziellinie aberkannt. Es blieb also bei acht, und so konnte Eddy Merckx 44 Jahre später mit ebenfalls acht Etappensiegen gleichziehen. Henri Pélissier, der Sieger von 1923 und große Rebell, hatte dagegen weniger Glück im weiteren Leben. 1935 wurde er nach einem Streit von seiner Lebensgefährtin Camille erschossen – mit demselben Revolver, mit dem sich Pélissiers Ehefrau zwei Jahre zuvor das Leben genommen hatte.

Dass sich Profis gegen die Veranstalter stellen wie einst die Pélissiers, kommt eher selten vor. Aber manchmal platzt den eigentlichen Hauptdarstellern dann doch der Kragen. Meist dann, wenn sie sich nicht als respektierte Sportler, sondern als Manövriermasse behandelt fühlen. Oft übrigens völlig zu Recht. Da die Tour de France von ihren Etappenorten viel Geld kassiert, wurde im Lauf der Jahre immer öfter der Zielort einer Tagesetappe nicht mehr der Startort der nächsten. Damit wird nach der Zielankunft oft noch ein langer Transfer zum Startort des nächsten Tages notwendig. Den kann man am Abend nach der Etappe oder am nächsten Morgen machen. Lästig ist es allemal. 1978 kam es dann zu einem Eklat. Nach der elften Etappe, einer schweren Pyrenäenstrecke von Pau nach Saint-Lary-Soulan, mussten die Rennfahrer am Abend noch drei Stunden mit dem Bus bis zum nächsten Etappenort fahren. Bis sie dort waren, gegessen hatten und bettfertig massiert waren, ging es auf 1 Uhr zu. Am nächsten Morgen klingelte aber bereits um 5 Uhr der Wecker, da zwei Halbetappen auf dem Plan standen und man den ersten Teil früh starten musste. Das Feld nahm das Rennen auch auf, blieb aber im Zielort Valence d'Agen als Zeichen des Protestes geschlossen vor der Ziellinie stehen. Das Publikum war stinksauer und pfiff einen jungen Profi gnadenlos aus, der auf der Ziellinie eine Rede gegen die Organisatoren hielt. Dieser junge Mann hatte sich um das Rederecht bemüht, das eigentlich dem Gelben Trikot oder einem altgedienten Profi zugestanden hätte. Der Mann hieß Bernard Hinault, es war seine erste Tour. Mit dieser Rede wollte Hinault auch dokumentieren, dass er sich als legitimer Nachfolger von Eddy Merckx als Chef im Feld, als Patron, fühlte. Das wurde er dann auch. Zwei Wochen später erreichte er als 23-jähriger Jungspund im Gelben Trikot Paris. Erste Tour, erster Sieg. Nach Ende seiner Karriere arbeitete Hinault übrigens bis 2008 bei der Organisation, die er bei seinem ersten Auftritt gezwungen hatte, eine Halbetappe zu annullieren. Sein Gelbes Trikot war in Paris aber absolut regelkonform. Das gab es auch schon anders.

Da die Tour de France von ihren Etappenorten viel Geld kassiert, wurde im Lauf der Jahre immer öfter der Zielort einer Tagesetappe nicht mehr der Startort der nächsten.

Der Ärger mit dem Trikot aus Seide

Die Lust der Granden der Tour de France daran, alles regeln zu wollen, machte bekanntlich auch vor den Großen der Szene nicht halt. Die reagierten dann manches Mal doch ziemlich verärgert, wie einst die Brüder Pélissier. Kurz nach dem Zweiten Weltkrieg verscherzten es sich die Tourmacher dann auch noch mit einem weiteren populären Dauerbrenner aus Frankreich, den die Fans in ihre Herzen geschlossen hatten. René Vietto, der Bergspezialist mit den sehnigen Beinen, geboren in der Normandie und aufgewachsen in der Gegend von Cannes, war vor dem Zweiten Weltkrieg einer der erfolgreichsten Fahrer. Schon bei seinem Tourdebüt 1934 gewann er als 20-jähriger Jungspund vier Etappen und das Trikot für den besten Bergfahrer. Er wurde am Ende Fünfter der Gesamtwertung, obwohl er in den Pyrenäen sein Vorderrad an Frankreichs Kapitän Antonin Magne hatte abgeben müssen und dabei viel Zeit verlor. 1939, bei der letzten Tour vor dem Krieg, wurde Vietto Zweiter. 1947, bei der ersten Auflage der Grande Boucle nach Kriegsende, wollte er sich dann mit 33 Jahren doch noch die Krone des Radsports aufsetzen und die Tour gewinnen. Vietto schafft es dann tatsächlich, trotz eines schon dreimal operierten und völlig lädierten Knies, in den Alpen das Gelbe Trikot von dem Italiener Aldo Ronconi zu erobern. Nach der neunten Etappe trug er das Trikot für zehn Tage quer durch Frankreich und hatte es drei Tage vor dem Ende der Tour in Vannes immer noch auf seinen schmalen Schultern.

> Die Lust der Granden der Tour de France daran alles regeln zu wollen, machte bekanntlich auch vor den Großen der Szene nicht halt.

Aber kurz vor dem Finale hatte die Tour ein Zeitfahren angesetzt, und der einsame Kampf gegen die Uhr war eh nie die Stärke des René Vietto gewesen. Zudem war die Strecke mit 139 Kilometern selbst aus damaliger Sicht extrem lang. Vietto war klar, dass er alle Möglichkeiten technischer Art nutzen musste, wollte er eine Chance haben. Also ließ er sein Rad optimieren, zog die leichtesten Reifen auf, verzichtete während des Zeitfahrens auf Brille und Mütze, um jedes mögliche Gramm zu sparen. Zum krönenden Abschluss bestellte er bei einer Spezialfirma in Lyon ein Gelbes Trikot aus reiner Seide, weil man ihm gesagt hatte, es besitze einen geringeren Luftwiderstand als die gängigen Wolltrikots. Aber all das half am Ende nichts; schon nach der Hälfte der 139 Kilometer war er rechnerisch sein Führungstrikot los, Seide hin oder her. Im Ziel bekam er dann noch einmal zehn Strafsekunden aufgebrummt, weil das Seidentrikot gegen eine Regel der Tour verstoßen hatte, die eben Wolltrikots vorschrieb. Die Tour war allerdings auch ohne die zehn Sekunden verloren, aber Vietto tobte und drohte den Offiziellen, ihnen das Trikot vor die Füße zu schmeißen. Danach packte er seine Koffer und wollte mit dem nächsten Zug nach Hause nach Cannes. Mit Engelszungen hat man ihn überredet zu bleiben, und als er drei Tage später in Paris im Prinzenpark einfuhr, bekam er genauso viel Applaus wie Toursieger Jean Robic.

Dem war ebenfalls etwas Kurioses gelungen. Der Bretone brach ein ungeschriebenes Gesetz der Tour – und gewann sie genau dadurch am Ende. Robic hatte vor der finalen Etappe keinen einzigen Tag das Gelbe Trikot getragen. Auf dem letzten Abschnitt, 140 Kilometer vor Paris, trat er dann an, attackierte Pierre Brambilla, den Mann in Gelb, obwohl man laut ungeschriebenem Gesetz auf der Schlussetappe die Füße still hält und den Führenden nicht mehr angreift. Robic war das egal, und er schaffte es tatsächlich, den völlig verdutzten Brambilla abzuhängen. Seltsamerweise nahmen ihm die Fans das nicht übel, und da er auch nur gegen ein ungeschriebenes Gesetz, aber nicht gegen das Reglement verstoßen hatte, ist er bis heute der einzige Toursieger, der bis zur allerletzten Etappe nie das Gelbe Trikot erobern konnte.

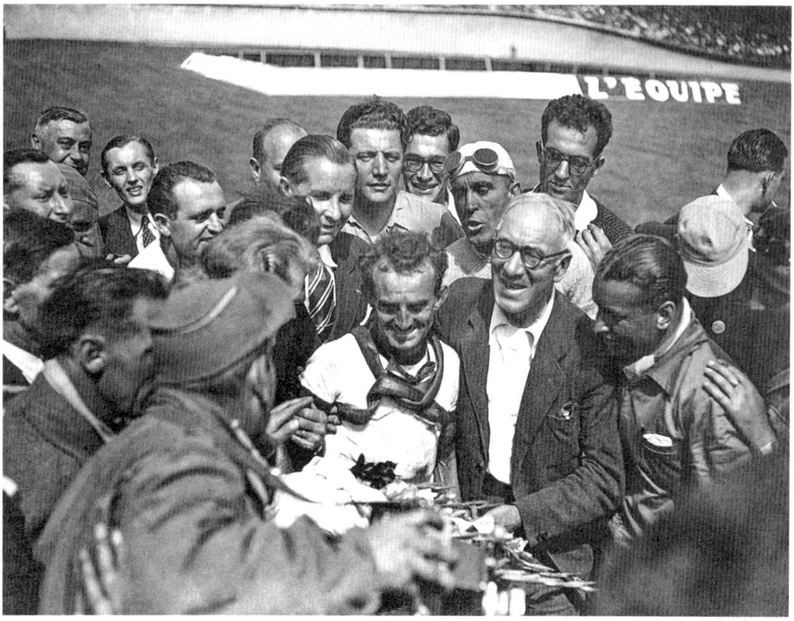

Der Überraschungssieger Jean Robic nach dem Zieleinlauf in Paris.

Pierre Brambilla fuhr danach frustriert nach Hause, lud die Presse ein und schlug sein Fahrrad kurz und klein. Dann vergrub er den Schrott medienwirksam im Garten. Gute Freunde wurden Robic und Brambilla nicht mehr. Erst 33 Jahre später versöhnten sich die beiden. Robic konnte sich an diesem Happy End aber nicht lange erfreuen. Auf dem Heimweg von der Versöhnung stieß sein Auto mit einem Lastwagen zusammen. Jean Robic war sofort tot.

Der taktisch verschenkte Etappensieg von Henn und Heppner

Die Tour de France ist nicht nur ein streng geregeltes, sondern auch ein extrem taktisches Rennen. Die Sportlichen Leiter brüten jeden Abend über der Strecke des nächsten Tages, versuchen Szenarien zu antizipieren, entwickeln Pläne, bestimmen bei normalen Etappen Fahrer, die in Fluchtgruppen mitgehen sollen, und legen vor Bergetappen fest, wer dem Kapitän wo und wie lange zu helfen hat und wer sein Heil in der Flucht suchen darf. Taktik kann aber gewaltig in die Hose gehen, wie zum Beispiel bei der 19. Etappe der Tour 1997 zwischen Montbéliard und Dijon. Die Gesamtwertung war da nach menschlichem Ermessen schon durch. Jan Ullrich führte drei Tage vor Schluss mit mehr als sechs Minuten, und da am Tag vor dem Finale vor Paris noch ein Einzelzeitfahren auf dem Programm stand, war ihm der Toursieg nur noch durch einen Unfall zu nehmen. Das Team Telekom pfiff deshalb die Helfer Jens Heppner und Christian Henn auch nicht zurück, als diese sich zusammen mit elf anderen Fahrern als Fluchtgruppe absetzten. Heute würde man zwei so wichtigen Helfern selbst bei dem großen Vorsprung des Kapitäns keine freie Fahrt geben, dazu ist die Taktik zu starr. Damals war das Go aber auch ein Zeichen der Wertschätzung der Teamleitung für Ullrichs Edelhelfer. Sie durften um den Etappensieg fahren.

Und es sah gut aus. Jens Heppner setzte sich mit dem Holländer Bart Voskamp erfolgreich aus der Fluchtgruppe ab. Für Christian Henn hieß dies: keine Nachführarbeit in der Gruppe der verbliebenen Fahrer. Aber die anderen wollten noch nicht aufgeben und organisierten die Verfolgung. Da besann sich Henn auf Taktik. In der Gruppe fuhr

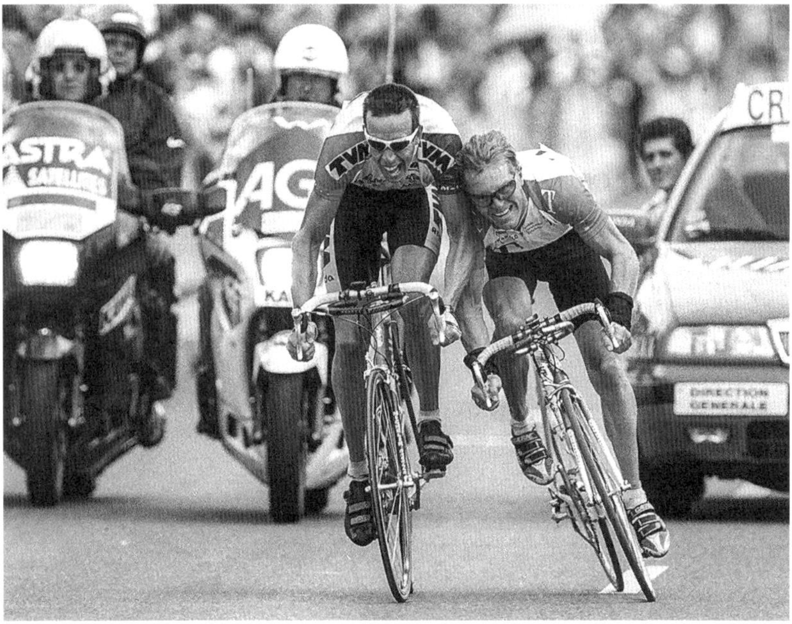

Sprint kurios: Nummer eins und zwei nehmen sich aus dem Rennen. Nummer drei macht Nummer vier zur Nummer eins.

auch der Italiener Mario Traversoni, den er gut kannte. Henn schlug Traversoni vor, ihm den Sprint um Platz drei anzuziehen, wenn er sich ebenfalls nicht an der Verfolgung von Heppner und Voskamp beteiligen würde. Der Italiener stimmte zu; also war es noch mal ein Mann weniger für die Verfolger, die es dann auch tatsächlich nicht schafften, die Ausreißer zu stellen. Henn hielt Wort und zog Traversoni auf der Zielgeraden perfekt den Sprint an, der dann als Dritter über die Linie raste. Kurz danach rauften sich die beiden deutschen Profis die Haare – Henn hatte nämlich Traversoni zum Etappensieg pilotiert. Was er nicht wissen konnte: Heppner hatte den Sprint gegen Voskamp zwar knapp gewonnen, beide wurden aber um zehn Plätze distanziert, weil sie sich beim Sprint unfair beharkt hatten. Henn konnte das natürlich 30 Sekunden dahinter nicht wissen und schleuste Traversoni so nicht zum dritten Platz, sondern zum Sieg. Merke: Auch Taktik ist manchmal schlicht Mist.

Trotzdem wird natürlich taktiert und auch während des Rennens viel kommuniziert. Die moderne Tour funktioniert nur noch mit Funk. Die Sportlichen Leiter im Auto stehen ständig in Kontakt mit ihren Fahrern, dirigieren, steuern, geben Anweisungen. Wenn eine Fluchtgruppe „geht", wissen sie nach ein paar Momenten, ob ihre Fahrer reagieren sollten oder nicht. Der Funk macht auch transparent, wer hinten rausgefallen ist, wer Probleme hat und, und, und. Das berühmte gelbe Motorrad, auf dem der Sozius den Rennfahrern auf einer großen schwarzen Tafel die Zeitabstände zeigt, ist eigentlich nur noch Folklore. Gebraucht werden die Infos nicht, die Fahrer haben sie ohnehin. Aber trotz aller Technik kann natürlich immer etwas schiefgehen, wie zum Beispiel auch bei der Tour 1997 und wieder beim Team Telekom. Bjarne Riis war gestürzt, Jan Ullrich nicht, und das Feld raste weiter. Edelhelfer Udo Bölts wollte wissen, was die Mannschaft tun sollte, ob man bei Ullrich bleiben oder besser Riis helfen sollte. Bölts funkte also den Teamwagen an. Dort griff aber nicht Sportchef Walter Godefroot zum Mikro, und auch Godefroots Kollege Rudy Pevenage war nicht erreichbar; die beiden kümmerten sich auf der Straße um den Dänen Riis. Trotzdem bekam Bölts Kontakt – allerdings mit Rudolf Scharping. Der damalige SPD-Chef und Oppositionsführer im Bundestag ist ein großer Radsportfan und war als VIP-Gast mit in Godefroots Auto. Der heutige Präsident des Bundes Deutscher Radfahrer meldete sich mit einem sonoren: „Scharping – was ist los?" Udo Bölts erinnert sich: „Ich habe vor Schreck die Verbindung gleich wieder getrennt."

Die Sportlichen Leiter im Auto stehen ständig in Kontakt mit ihren Fahrern, dirigieren, steuern, geben Anweisungen.

Ein paar Minuten später war die Situation geklärt, und geschadet hat der falsche Kontakt auch nicht – am Ende gewann bekanntlich

Jan Ullrich die Tour. Übrigens auch dank seiner Helfer, die auch dann wussten was zu tun war, als Taktik nicht mehr weiterhelfen konnte. Es war ausgerechnet die 13. Etappe 1997, auf der „Ulle“ ein allzu menschliches Problem bekam. Das Feld war auf dem Weg von Saint-Étienne nach Alpe d'Huez, als es bei dem jungen Mann im Gelben Trikot im Bauch zu grummeln begann. Anhalten und hinter den Busch gehen, wäre natürlich eine Option gewesen, aber die Konkurrenten Marco Pantani und Richard Virenque hätten wohl kaum gewartet. Also „umhüllte“ nahezu die gesamte Telekom-Mannschaft ihren Leader, der sich bei voller Fahrt in eine Rennmütze entleerte. „Was anderes hatten wir nicht“, erklärte Udo Bölts. Ob am Ende jemand dieses sehr spezielle „Souvenir“ aus dem Straßengraben gefischt hat, ist nicht bekannt.

Aberglaube, oder: Lass bitte das Salz stehen

Aus dem Missgeschick des Jan Ullrich ist übrigens kein neues Ritual zur Abwehr solcher Unbill entstanden. Wobei das nicht ungewöhnlich gewesen wäre, Aberglaube ist im Spitzensport weit verbreitet. Es gibt Fußballprofis, die den Platz nur mit dem rechten Fuß zuerst betreten, und Tennishelden, die immer einen Ball in der linken Hosentasche brauchen, um einen wichtigen Punkt zu machen. Natürlich glauben auch manche Radprofis an Dinge, die mit Rationalität nun gar nichts zu tun haben. Das kann manchmal auch skurrile Folgen haben. Erik Zabel war zum Beispiel auch so ein abergläubischer Rennfahrer. Der Mann, der in seiner Karriere zwölf Etappen bei der Tour gewinnen konnte und zwischen 1996 und 2001 sechsmal hintereinander in Paris das Grüne Trikot für den besten Sprinter trug, hatte auch so seinen Tick. Als er 1996 den ersten Tag in seiner Karriere das Grüne Trikot getragen hatte, ging er am Abend damit zum Waschbecken in seinem Hotelzimmer und wusch es höchstselbst und von Hand aus. Am nächsten Tag zog er es als Glücksbringer dann wieder an. Dazu muss man wissen, dass die Träger von Wertungstrikots jeden Tag mindestens drei neue Exemplare bekommen: zwei mit Kurz- und eines mit Langarm. Da Zabel in seiner Karriere für 81 Tage das Grüne Trikot trug, hat er also mindestens 243 dieser begehrten Textilien, in Wahrheit aber eher mehr, weil man die auch nachbestellen darf. Die Rennen fuhr er aber immer komplett mit dem ersten Trikot des jeweiligen Jahres durch. „Sonst hätte ich nachts nicht ruhig schlafen können“,

Man muss wissen, dass die Träger von Wertungstrikots jeden Tag mindestens drei neue Exemplare bekommen: zwei mit Kurz- und eines mit Langarm.

sagte er. So brachte er dagegen die Sponsoren ein wenig um ihre Seelenruhe, da das Trikot durch die vielen Handwäschen immer blasser wurde. Das schwarze T von Sponsor Telekom musste öfter mit Filzstift nachkoloriert werden, und einmal war das Trikot so eingegangen, dass Zabel beim Zieljubel mit hochgerissenen Armen plötzlich fast bauchfrei daherkam, was damals noch überhaupt nicht in Mode war. „Ete“ war es egal, er glaubte an die Macht des ersten Trikots, und der Erfolg gab ihm ja auch Recht.

Farbe brauchte auch ein anderer Profi, der anonym bleiben will, weil er als noch aktiver Profi Ärger befürchtet. Der gute Mann ist sich sicher, dass er nur in seinen uralten Radschuhen schnell fahren kann. Da sein Team aber mittlerweile eine ganz andere Marke fährt und der Sponsor natürlich darauf besteht, malt der Profi seine alten Schuhe regelmäßig um und hofft, dass es nicht regnet. Ziemlich viel Arbeit, aber selbst die Teamleitung hilft ihm, weil er überaus erfolgreich auch bei der Tour unterwegs ist – aber eben nur in seinen alten Latschen.

Aberglaube gibt es aber nicht nur bei Trikots oder Schuhen.

Aberglaube gibt es aber nicht nur bei Trikots oder Schuhen. Auch Handlungen vor, während und nach dem Rennen müssen wohlüberlegt sein. Sonst droht – ja, was droht da eigentlich? Das Ausscheiden bei der Tour? Ganz so dramatisch ist es sicher nicht, aber in einer Welt, in der oft nur Nuancen über Sieg oder Niederlage entscheiden, entwickeln manche der Hauptdarsteller schon ganz spezielle Macken, um ja alles richtig zu machen. Dazu gehören für Abergläubische eben auch bestimmte Situationen, die sie meiden wie der Teufel das Weihwasser, weil sie angeblich Unglück bringen. Und damit sind wir wieder bei Erik Zabel. Laut seinem alten Profikollegen Rolf Aldag achtete „Ete“ immer sehr genau darauf, mit dem Rad nicht durch eine Bahnunterführung zu brettern, wenn gerade ein Zug darüberfuhr. Denn das bringe Unglück, heißt es. Im Rennen soll Zabel deshalb schon mal seine Mannschaft zu einer Pinkelpause überredet haben, bis der Zug endlich durch war. Der Mann muss schon einen großen Respekt vor der Macht dieser Situation gehabt haben, wenn er lieber dem Feld nachhechelte, als unter einem Zug durchzuradeln.

Auch beim Essen wird nicht nur auf die notwendige Zufuhr von Kalorien geachtet. Marcel Kittel, mit 14 Siegen Deutschlands erfolgreichster Etappenjäger in der langen Geschichte des Rennens, lässt sich zum Beispiel niemals von einem Kollegen das Salz reichen. Bevor er es in die Hand nimmt, muss es auf dem Tisch gestanden haben. Alles andere, so der Thüringer, bringe Unglück. Aus einem ähnlichen Grund isst er auch nichts Selbstgebackenes mehr bei der Tour. Bei seinem ersten Auftritt 2012 reiste er mit einem von seiner Physiotherapeutin selbst gebackenen Brot im Gepäck zum Start nach Lüttich. Das Brot schmeckte gut, aber offenbar hat es der Supersprinter nicht so gut vertragen. So stieg er schon früh wegen Magen-Darm-Problemen und Durchfall aus. Seither gibt es nichts Derartiges mehr für ihn beim Rennen, obwohl Marcel Kittel nicht mal sicher sagen kann, ob seine Probleme damals mit dem Brot zu tun hatten oder ob er bei seinem Debüt schlicht zu nervös war.

Der liebe Gott ganz nah am Rad

Aberglaube spielt also eine nicht zu unterschätzende Rolle bei der Tour, aber auch tiefe Religiosität. Wobei einer da so engagiert war, dass er sogar einen Gewichtsnachteil demütig hinnahm. Der Italiener Gino Bartali, Tourgewinner im Jahr 1938 und gleich nach dem Krieg 1948, lieferte sich über viele Jahre mit dem jüngeren Fausto Coppi legendäre Zweikämpfe bei der Tour. Italien war damals komplett gespalten; entweder war man dort „Bartalist" oder „Coppist". Bartali brauchte im Rennen unbedingt seine christlichen

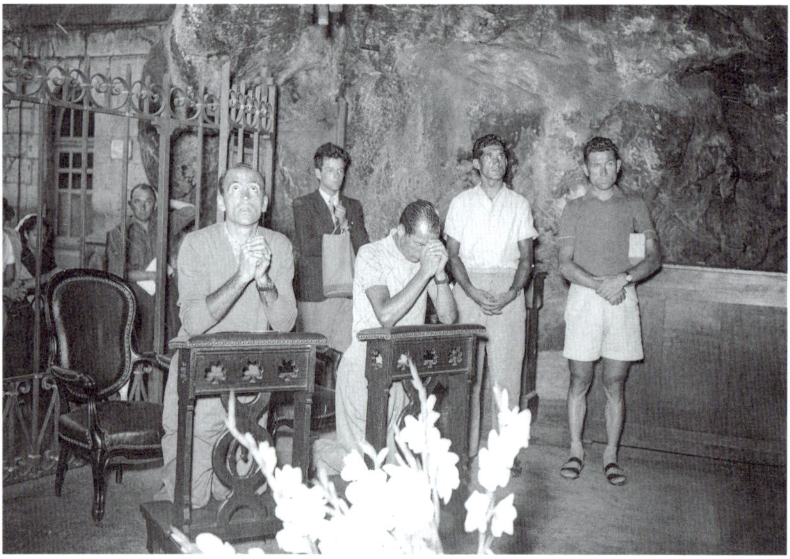

Der fromme Gino Bartali (Hände vorm Gesicht) betet während der Tour 1950 in Lourdes mit seinen Mitstreitern Fiorenzo Magni und Giovanni Corierri.

Symbole. Der fromme Laienbruder im Karmeliterorden hatte stets mindestens drei Amulette am Körper und noch zwei am Lenker. Der Glaube machte den Mann stark und in Italien so beliebt, dass schließlich auch Fausto Coppi 1948 um einen Besuch beim Papst bat. Die Italiener hatten sich aber schon entschieden: Bartali war der Fromme, Coppi galt als Atheist.

Wie tief Gino Bartalis Glaube war, ist natürlich schwer zu beurteilen. Fakt ist aber, dass die christliche Nächstenliebe für Bartali eine wichtige Tugend war. Mehr noch, der Mann war ein Held, ohne groß darüber zu reden. Im Zweiten Weltkrieg war der junge Bartali als Fahrradkurier für eine katholische Bewegung aktiv, die sich für die Rettung von Juden vor Nazis und italienischen Faschisten einsetzte. Hätte man ihn erwischt mit den brisanten Papieren wie Ausweisen oder Reisedokumenten, die er im Rahmen seines Rades versteckt hatte, wäre er hingerichtet worden, Nationalheld hin oder her. Neben den als Training getarnten Kurierfahrten versteckte er auch jüdische Familien. Man schätzt, dass Gino Bartali geholfen hat, bis zu 800 Juden vor der Deportation zu bewahren. Für seinen Einsatz unter Lebensgefahr wurde ihm im Jahr 2013 in Yad Vashem der Titel „Gerechter unter den Völkern" verliehen. Den Titel vergibt die Gedenkstätte in Jerusalem an Menschen, die, ohne das persönliche Risiko zu scheuen, Juden vor dem Holocaust bewahrt haben. Bartali hat zeitlebens kein großes Aufhebens um seine mutigen Taten gemacht. „Manchen Erfolg heftet man sich nicht an die Jacke", sagte er einst. Die Ehrung in Israel erlebte er nicht mehr. Gino Bartali starb im Jahr 2000 im Alter von 86 Jahren.

Geld regiert auch die Tour

Die Tour de France ist nicht nur ein Radrennen, es geht natürlich auch um viel Geld. Das drittgrößte Sportspektakel auf dem Planeten nach den Olympischen Spielen und Fußballweltmeisterschaften soll natürlich auch einen Überschuss erwirtschaften. Und den bitte nicht zu knapp. Wäre es anders, würde die Tour nicht weiter wachsen. Aber das tut sie, das Geschäft läuft, die Fans strömen. Etwa 115 Millionen Euro setzt der Veranstalter Amaury Sport Organisation (A.S.O.) jährlich um, gut 20 Millionen Euro bleiben als Gewinn hängen. Tendenz steigend. Wer Etappenort des Spektakels sein möchte, muss sich jahrelang darum bewerben und bei Zuschlag erst einmal 300.000 Euro an die A.S.O. bezahlen. Dafür gibt es dann ein Pflichtenbuch in Katalogstärke, in dem von den Straßensperren bis zur VIP-Toilette alles geregelt ist. Da man fragt sich schon: Wo ist die Grenze? Mittlerweile wird die Tour de France in 180 Länder der Welt übertragen, 2.000 Journalisten berichten täglich, der Tross ist etwa 4.500 Menschen stark, und jeden Tag versinkt eine andere Stadt im Chaos.

Man kann sich heute angesichts dieser Zahlen überhaupt nicht mehr vorstellen, dass es auch mal deutlich bescheidener war. Das Geld war natürlich immer schon der stärkste Motor, der die Tour am Laufen hielt, schließlich ist sie ja einst als Werbeinstrument für eine Zeitung gegründet worden. Damals musste man aber noch um die Profis werben, heute rennen die Mannschaften der Tour die Bude ein. Die Organisatoren behalten sich das Recht vor, neben den 18 fix gesetzten stärksten Teams der Weltrangliste vier Mannschaften mit Wildcards einzuladen. Französische Teams haben da natürlich Vorteile, müssen aber auch sportlich zumindest ein Zugpferd dabeihaben. Das ist übrigens ein schöner Markt für Stars im Herbst ihrer Karriere.

So hat zum Beispiel der Sprinter André Greipel mit der Referenz von elf Etappensiegen der kleinen französischen Equipe Arcéa-Samsic zu einer dieser begehrten Wildcards für die Tour 2019 verholfen. Wie gesagt, die Plätze sind rar und das Interesse riesig, weil es für jedes Team nahezu eine Lebensversicherung gegenüber seinen Sponsoren ist, bei der Tour dabei zu sein. Am besten natürlich noch garniert mit einem Etappensieg oder zumindest mit einer Dauerpräsenz in den Fluchtgruppen, die dann bei den täglichen Liveübertragungen stundenlang das Logo des Sponsors in die Wohnzimmer trägt. Das Gedränge in die Tour ist also gewaltig und hat auch schon für seltsame Geschichten gesorgt.

Damals musste man aber noch um die Profis werben, heute rennen die Mannschaften der Tour die Bude ein.

1995 demütigten die Mächtigen der Tour de France um Direktor Jean-Marie Leblanc den Belgier Walter Godefroot, damals Chef des Teams Telekom, auf ziemlich harsche Art. Die Mannschaft wurde, obwohl sie unstrittig zu den besten 20 der Welt gehörte, zunächst nicht zum Rennen eingeladen. Das Team sei sportlich nicht gut genug, hieß es aus Paris; damals unterwarf sich die A.S.O. noch nicht der Regel, dass die 18 besten Teams fest für die Teilnahme gesetzt sind. Der Rauswurf war für das Team ein Schlag ins Gesicht, den der belgische Manager aber zumindest etwas abmildern konnte. Team Telekom durfte dann doch noch als Mischteam mit drei Profis des italienischen Teams ZG Selle Italia antreten. Was für eine böse Schmach, vor allem für den Sponsor Telekom, der es natürlich nicht besonders sexy fand, trotz der vielen Millionen an Investitionen nur ein Team zweiter Klasse zu sein. Erik Zabel konterte dann während des Rennens sportiv mit zwei Etappensiegen in Charleroi und Bordeaux und beschämte damit die Tourmacher – zumindest ein bisschen. Eine schwache Vorstellung des deutschen Rumpfteams war das jedenfalls nicht, auch wenn Olaf Ludwig in den Alpen wegen Zeitüberschreitung seine letzte Tour nach der neunten Etappe vorzeitig beenden musste.

Das Gedränge in das Rennen war freilich nicht immer so groß. Im Gegenteil: Es gab eine Zeit, da mussten sich die Tourmacher mühen, überhaupt Mannschaften zu finden, die die Tour auf sich nehmen wollten. 1977 war das Feld auf den historischen Tiefpunkt nach dem Krieg geschrumpft. Gerade mal zehn Mannschaften mit insgesamt 100 Fahrern traten zur Tour an; vielen Equipen war das schlicht zu teuer, denn damals musste man nicht nur seine Kosten selbst tragen, sondern auch noch ein erkleckliches Startgeld bezahlen. Diese Tour war übrigens die letzte von Eddy Merckx und die erste des Frankfurters Dietrich Thurau. Der trug dann als 22-jähriger Debütant 15 Tage lang das Gelbe Trikot und löste in Deutschland eine Euphorie aus, wie es zuvor nur Rudi Altig geschafft hatte. Dass diese Tour nur ein relativ kleines Feld aufwies, hat damals übrigens niemanden gestört. Es waren ja nahezu alle großen Stars mit dabei.

Ein Jahr später, 1978, war das Feld wieder auf elf Mannschaften angewachsen. Die Tour achtete aber nach wie vor energisch darauf, so viel Geld wie möglich mit dem Rennen zu verdienen. Dazu gehörte auch, dass alle Werbeeinnahmen in die eigene Kasse zu fließen hatten. Diese Regel führte zu einem heftigen Aufreger beim Prolog im holländischen Leiden. Félix Lévitan, der damalige Finanzchef der Tour, entdeckte an der Prologstrecke Werbebanner von örtlichen Firmen, die ihren Obolus nicht an die Tour, sondern an die lokalen Organisatoren bezahlt hatten. Als Konsequenz ließ Lévitan den Prolog neutralisieren und nicht in die Gesamtwertung einrechnen. Prologsieger Jan Raas bekam also in seinem Heimatland kein Gelbes Trikot, obwohl er der Schnellste auf der Strecke gewesen war. Darüber war der Mann mit der Brille so verärgert, dass er nach seinem erneuten Sieg am nächsten Tag auf der ersten Etappe das Gelbe Trikot auf der Bühne ablehnte und es erst einen Tag später in Empfang nahm. Da hatte die Tour sein Heimatland aber bereits verlassen und war in Brüssel angekommen.

Geld hat also auch schon öfter Ärger in die Tour de France gebracht. Vor allem aber waren die Finanzen lange Jahre knapp und die Tourmacher stets auf der Suche nach frischem Geld. 1930 war dann die Geburtsstunde einer der aktuell großen Finanzquellen des Rennens. Die Schokoladenfabrik Menier erhielt gegen eine Gebühr das Recht, vor dem Rennen mit einem Auto mit Werbung an den Zuschauern vorbeizufahren. Das war die Geburtsstunde der „Caravane publicitaire“, der Werbekarawane. Danach kamen große Marken wie Perrier, Martini oder Pernod dazu; heute ist die Werbekarawane eine gewaltige Säule in der Finanzierung der Tour. Wer in dem kilometerlangen Blechwurm mit seiner Werbebotschaft dabei sein will, muss ganz schön tief in die Tasche greifen. Das kleinste Arrangement umfasst drei Werbeautos und kostet rund 200.000 Euro. Wohlgemerkt nur das Recht, dabei zu sein! Heute fahren gut 180 Werbeautos vor dem Feld, gesichert wird die Strecke von 50 Gendarmen auf schweren Motorrädern und etwa 23.000 Polizisten am Straßenrand. Dieser Aufwand kostet die A.S.O. heute allerdings nichts, da der französische Staat die Tour zu einem förderwürdigen, nationalen Monument erklärt hat und somit ihr Schutz aus Steuergeldern bezahlt wird. Es gibt seriöse Umfragen, die belegen, dass knapp die Hälfte der Zuschauer überhaupt nur wegen der Werbekarawane an die Strecke pilgert, um eines der etwa 18 Millionen Gadgets zu erhaschen, die von den Autos geworfen werden wie Bonbons beim Rosenmontagsumzug. Was übrigens manchmal gar nicht so ungefährlich ist. Anfang der 1990er-Jahre hat die Firma PDM Videoleerkassetten von einem Lastwagen herab unters Volk geschleudert, was bei den Zuschauern für so manche Beule gesorgt hat.

Die „Caravane publicitaire“ hat auch schon in ihrer frühen Zeit kuriose Geschichten geschrieben, zum Beispiel die der Yvette Horner. Madame Horner war eine adrette Frau, wie man sich früher aus-

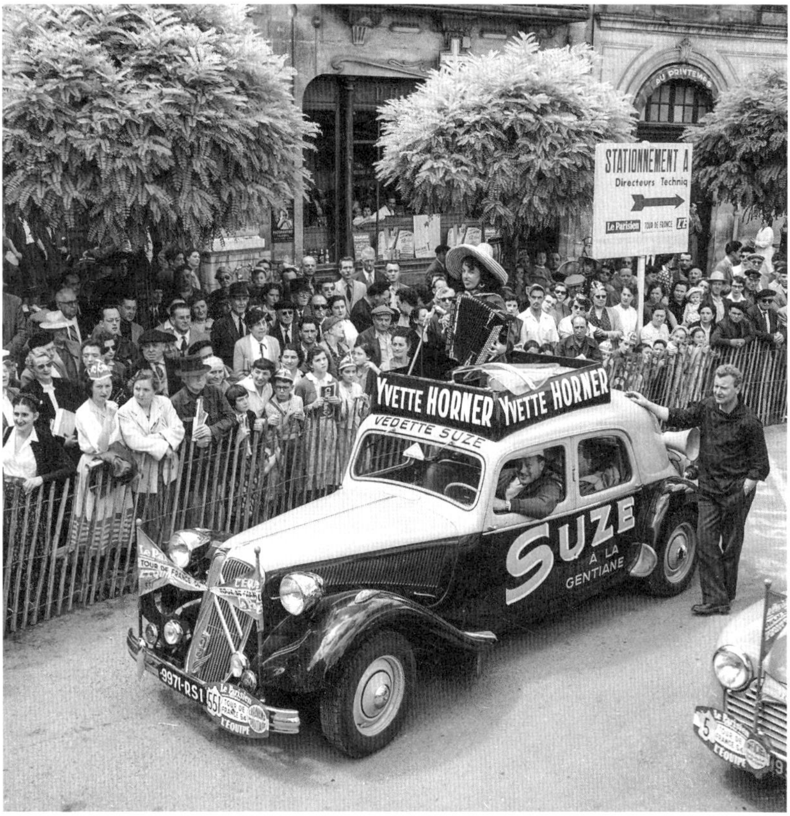

Yvette Horner ist so etwas wie das Frontgirl der Tour. Die Frau mit dem Akkordeon macht die Werbekarawane populär, und die wiederum sie.

drückte. Und sie konnte Akkordeon spielen und singen. Das gefiel einem Bügeleisenhersteller, der Horner auf ein Werbeauto setzte und sie spielend an den Fans vorbeifahren ließ. Das Auto fuhr ihr Mann René Droesch, und die beiden waren bald so bekannt wie die Rennfahrer selbst. Bis 1964 fuhr Yvette Horner elfmal in der Werbekarawane mit und wurde dabei so populär, dass sie 30 Millionen Schallplatten verkaufte. Um die beiden entstand ein regelrechter Hype, die Zuschauer bewarfen das Werbeauto mit Schokolade, Puppen, Blumen und Bonbons. Und auch die Fahrer buhlten um Yvette, die einmal für Ferdy Kübler, den Toursieger von 1950, spielte, während der nach der Etappe massiert wurde. Mehr als Musik soll der Schweizer aber nicht bekommen haben, heißt es zumindest.

Die „Caravane publicitaire" ist also nicht nur Folklore, sondern wichtig für das Geld, ohne das sich auch bei der Tour de France nichts drehen würde. Natürlich ist das Rennen zunächst einmal eine höchst emotionale Sache. Der Kampf der Männer gegen Hitze und Steigungen, gegen Konkurrenten, schlechtes Essen oder verrückte Zuschauer beflügelt die Fantasie vieler Menschen. Hinter den alljährlichen 21 Etappen steckt aber eine gewaltige Organisation, die auch ganz nüchtern auf Zahlen schaut. Die Tour de France muss Überschüsse erwirtschaften. Da man aber an der Strecke keinen Eintritt verlangen kann, was im Übrigen außer im direkten Zielbereich auch nie erwogen wurde, muss die materielle Seite anders gelöst werden. Und das funktioniert offensichtlich ganz gut. Der Veranstalter Amaury Sport Organisation gehört zum Familienkonzern Amaury, der von Marie-Odile Amaury geführt wird und unter anderem die Sportzeitung *L'Équipe* herausgibt, die täglich seitenweise von der Tour berichtet.

Dabei hätte Madame Amaury eigentlich nie etwas mit diesem Rennen zu tun haben sollen. Ihr Mann Philippe war in den 1970er-Jahren vom Patriarchen Émilien Amaury per Testament sozusagen aus dem Geschäft gedrängt worden. Philippes Schwester Francine sollte das Unternehmen führen. Nach dem Tod von Émilien klagte sich Philippe aber doch ein, und als er dann 2006 starb, nahm seine Witwe Marie-Odile die Zügel fest in die Hand. Die Frau ist heute eine der reichsten Französinnen, kann aber völlig unerkannt durch Paris schlendern. Die 1940 in Straßburg geborene Elsässerin gilt als knausrig, fährt als schwerreiche Firmeninhaberin der Legende nach einen unauffälligen Peugeot 308 und steuert mit der Tour langsam, aber sicher 200 Millionen Euro Jahresumsatz an, wobei das eine Schätzung ist, da Amaury nie Zahlen veröffentlicht. Kurios vor allem, dass sie es bis heute geschafft hat, die Preisgelder für die Stars auf einem Niveau zu halten, für das sich ein guter Tennisprofi kaum die Schuhe schnürt. Ein Beispiel: Das gesamte Preisgeld der Tour 2018 mit etwa 2,3 Millionen Euro ist nur knapp höher als der Scheck (2,2 Millionen Euro), den der Sieger des Grand-Slam-Turniers French Open in Paris einstreicht. Das Tennisturnier dauert im Übrigen zwei Wochen, die Tour drei.

Jammern müssen die Velostars allerdings nicht wirklich. Geraint Thomas strich für seinen Sieg 2018 mit allen Prämien für Etappensiege insgesamt 542.540 Euro an Preisgeld ein. Rechnet man das auf seine Fahrzeit von exakt 83 Stunden, 17 Minuten und 13 Sekunden um, hat der Brite einen Stundenlohn von 6.514,11 Euro erradelt. Das ist natürlich ein Wort, aber während der Sieger der French Open 2019, Rafael Nadal, von den 2,2 Millionen Euro nur seinen Trainerstab bezahlen muss, fließt bei der Tour das Preisgeld nicht nur an die Fahrer, sondern direkt in die Mannschaftskasse und wird unter allen Beteiligten aufgeteilt. Auch Mechaniker, Masseure, Begleiter und wer sonst noch so alles zum Team gehört, bekommt seinen Anteil. Damit profitieren viele vom Erfolg eines Profis, der allerdings ohne ein funktionierendes Team auch nie eine Tour de France gewinnen könnte.

Jammern müssen die Velostars allerdings nicht wirklich. Geraint Thomas strich für seinen Sieg 2018 mit allen Prämien für Etappensiege insgesamt 542.540 Euro an Preisgeld ein.

Das Preisgeld ist also in der Veloszene vergleichsweise bescheiden, und solange Madame Amaury das Unternehmen noch leitet, wird sich daran auch nichts dramatisch ändern. Die Herrin der Tour verweist dabei auch gern auf die Tatsache, dass bei den anderen großen Rundfahrten deutlich weniger verdient wird. Damit hat sie natürlich recht. Chris Froome bekam für seinen Sieg beim Giro d'Italia 2018, ebenfalls ein Grand-Tour-Rennen über drei

Wochen, exakt 115.668 Euro ausbezahlt. Radprofis haben also streng genommen bei Etappenrennen nur die Tour de France, um einmal so richtig Geld zu verdienen. Bei den Tennisprofis stehen dagegen jedes Jahr noch drei weitere Grand-Slam-Turniere auf dem Programm. Und bei denen gibt es sogar noch mehr zu verdienen als bei den French Open.

Eine große Geldquelle der Tour ist wie gesagt die Werbekarawane, die neben Yvette Horner auch noch ganz andere kuriose Geschichten produziert hat. Zum Beispiel die des französischen Wurstfabrikanten Cochonou. Der hatte 1999, zwei Monate vor dem Start der Tour, die Idee, mit „Enten“ in der Werbekarawane mitzufahren. Die Ente war ein in Frankreich (und auch in Deutschland) extrem beliebtes Auto, der Citroën 2CV. Das Problem: Diese Autos wurden nur bis 1990

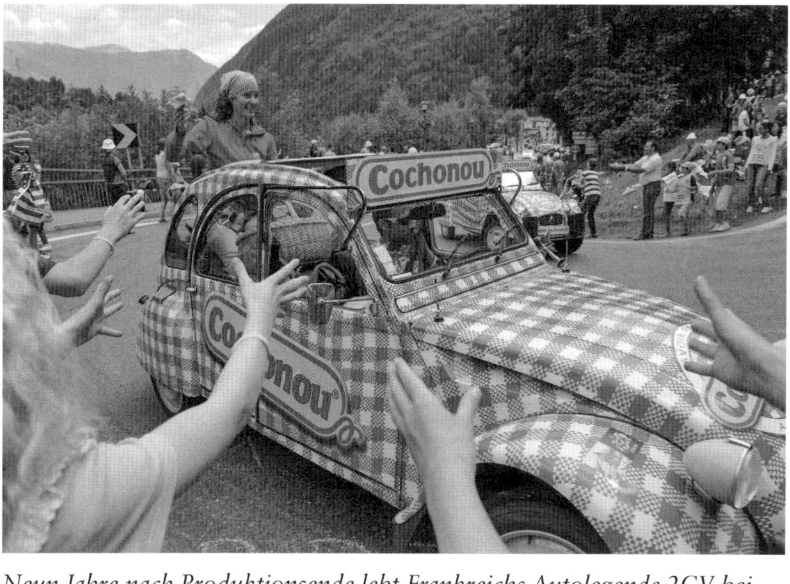

Neun Jahre nach Produktionsende lebt Frankreichs Autolegende 2CV bei der Tour wieder auf. Ein Wurstfabrikant lässt vier „Enten“ und dazu auch gleich Mechaniker in der Werbekarawane mitfahren.

gebaut. Cochonou wollte aber 1999 mit vier technisch einwandfreien Enten die Tour in der Werbekarawane begleiten. Technisch einwandfrei war der 2CV nicht einmal neu – so spotteten zumindest die Franzosen. Aber der Coup gelang; eine Firma wurde beauftragt, die Autos zu beschaffen, zu richten und auch entsprechend mit Werbung zu bekleben. Der Start der Tour begann am Sonntag dann zunächst mit drei Enten, die vierte schloss sich der Gruppe Cochonou am dritten Tag an. Die Aktion war außerordentlich erfolgreich, obwohl es Cochonou durch die kurzfristige Teilnahme nicht gelang, die Autos in einen perfekten technischen Zustand zu versetzen. Die Karossen waren Baujahr 1974 bis 1984 und wurden praktisch jede Nacht auf den Hotelparkplätzen wieder für den nächsten Tag fit gemacht, so gut es eben ging. Einmal rammte ein anderes Auto bei einem Transfer auf der Autobahn in der Nähe von Metz einen der vier 2CVs. Innerhalb von zwei Stunden fand man einen Liebhaber-Club in der Gegend, der mit zwei Kotflügeln aushalf. Am nächsten Tag fuhr das Auto wieder, als sei nichts geschehen. Die Kotflügel waren nicht nur wieder dran, sondern auch mit der korrekten Werbung beklebt, weil die Spezialfirma trotz sechs Stunden Anreise noch nachts angerückt war.

Legales Essen und feister Betrug

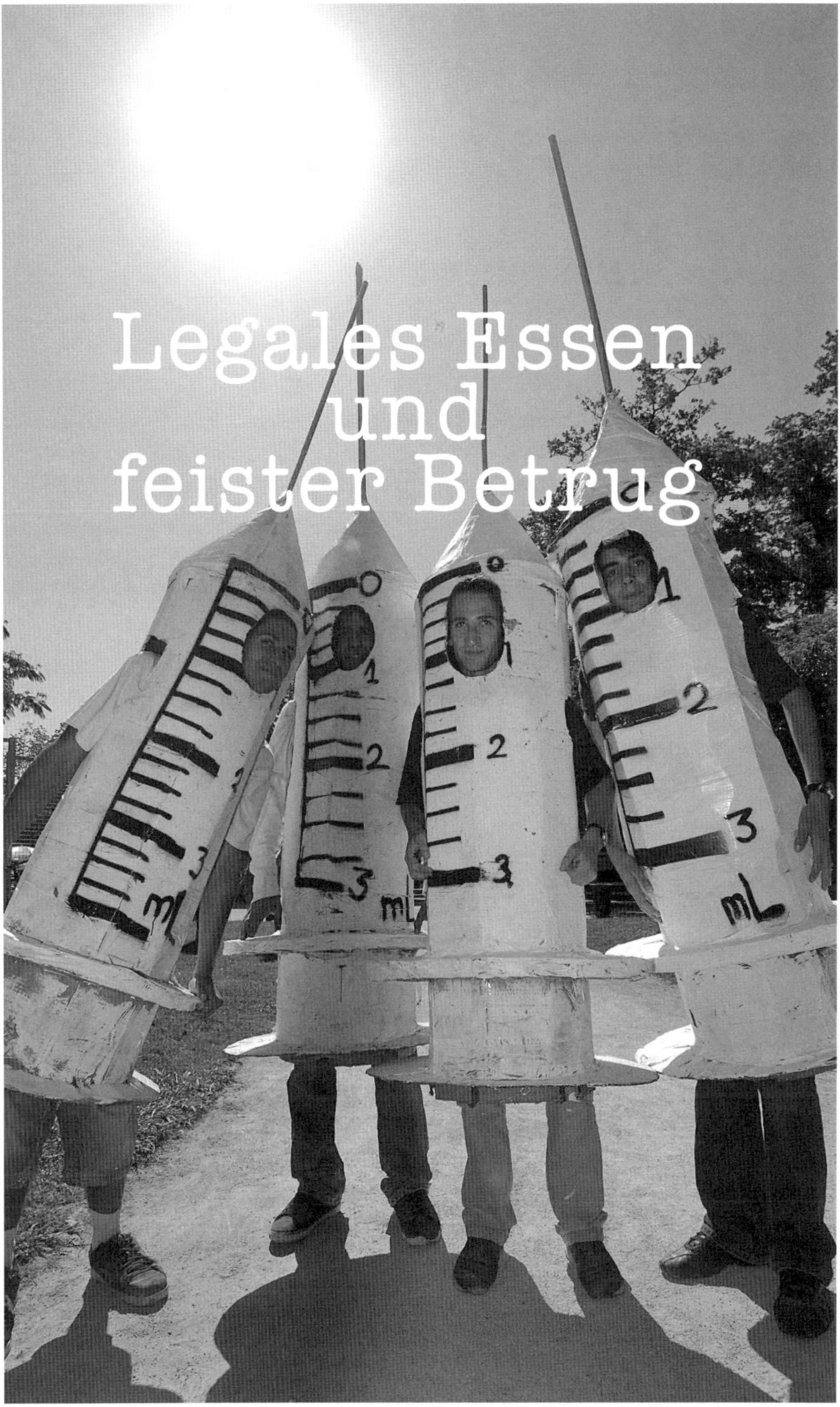

Mahlzeit

Die Tour de France hat ja auch immer etwas mit Essen zu tun. Für die Rennfahrer ist das meistens eher lustfeindliche Arbeit, mit Pasta oder Milchreis am Morgen, pappsüßen Energieriegeln beim Rennen und Bergen von Gemüse und Beilagen mit ein wenig Fleisch am Abend. Aber das muss sein, weil so ein Fahrer zwischen 5.000 und 10.000 Kilokalorien am Tag verbrennt, die es möglichst weitgehend zu ersetzen gilt, sonst kippt er anderntags aus dem Sattel. Trotz des gehaltvollen „Essens auf Rädern“ bleibt nach dem Rennen ein Defizit von etwa 6.500 Kilokalorien, die man vor und nach der Etappe aufladen muss – oder man bricht anderntags beim Rennen ein. Schon das Frühstück ist deshalb mit etwa 1.000 Kilokalorien mächtig, vorsichtig gesagt. Zu Pasta und allerlei Breien und Müslis gibt es Eier, Vollkornbrötchen und Smoothies. Einige Fahrer kombinieren die Kohlenhydrate mit Eiweiß, zum Beispiel mit einem Omelette. Dazu jede Menge Kaffee. Im Ziel gibt es erste Snacks oder auch mal einen Nudelsalat bzw. Kuchen. Bis ins Jahr 2011 wurden die Profis nach dem Rennen auch gern an Infusionen geklemmt, mit denen Aminosäuren, Vitamine und Spurenelemente intravenös verabreicht wurden. Es war schon ein Bild für die Götter, wenn die Herren Profis mit einer Nadel im Arm und einem fahrbaren Infusionsgalgen durchs Hotel zum Abendessen schlurften und Pasta schaufelten. Der Stress für die Immunabwehr sollte dadurch abgemildert werden. Seit 2011 gilt aber die „no needle policy“ des Radsportweltverbandes UCI, die jede Art von Injektionen verbietet, es sei denn, sie wurden beim Tourarzt offiziell angemeldet und genehmigt. Seither muss noch mehr gegessen werden.

Wie und was man so alles zu sich nimmt und auch wann – das hat sich im Lauf der über 100 Jahre Tourgeschichte gewaltig gewandelt.

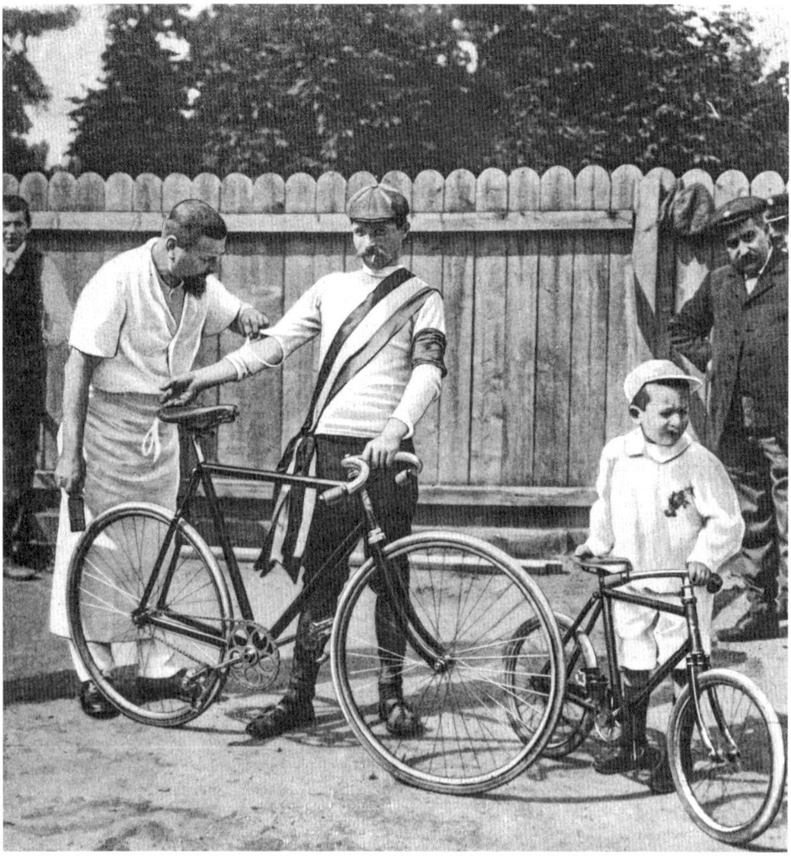

Rauchen steigert das Atemvermögen, behauptete einst die Medizin. Maurice Garin, der erste Sieger der Tour, hielt sich daran, wie das Siegerfoto von 1903 mit Schärpe, Fluppe und Sohn beweist.

Und es hat sich gezeigt, dass man gut damit fährt, nicht alles zu glauben, was so an angeblich neuesten wissenschaftlichen Erkenntnissen durch den Leistungssport spukt. Man schaue sich nur mal das Bild des ersten Toursiegers 1903 an. Da steht Maurice Garin stolz wie Oscar, neben ihm sein Sohn, und was steckt Maître Garin zwischen den Lippen? Eine Zigarette. Der gelernte Schornsteinfeger rauchte gern, und bei der Tour sogar mit ärztlichem Segen. So ein paar Fluppen vor dem Start steigerten das Atemvermögen, hieß es damals. Kein Witz. Dass die Profis die Raucherei bei Etappenlängen von 400 und mehr Kilometern aushielten, ist schon sehr erstaunlich.

Es hat sich gezeigt, dass man gut damit fährt, nicht alles zu glauben, was so an angeblich neuesten wissenschaftlichen Erkenntnissen durch den Leistungssport spukt.

Und die Irrtümer, was dem Körper beim Rennen guttäte und was nicht, gingen weiter. Zum Beispiel beim Trinken: Rudi Altig hat nach seiner Karriere darüber geklagt, dass man ihm zu seiner aktiven Zeit in den späten 1950er- und den 1960er-Jahren das Trinken madig gemacht habe. Zu viel Wasser ließe die Beine schwer werden, hieß es damals. Altig, der 18 Tage lang das Gelbe Trikot trug und insgesamt acht Etappen bei der Tour gewinnen konnte, berichtete von 250 Kilometer langen Etappen, die man mit einem halben Liter Wasser abreißen musste. Erstaunlich genug, dass damals keiner verdurstet ist. Heute trinken die Profis bis zu zehn Liter pro Etappe, wenn es heiß ist – natürlich auch das auf ausdrücklichen ärztlichen Rat.

Beim Essen war es dagegen so, dass man in den 1970er-Jahren Ausdauersportlern die Kohlenhydrate ausgeredet hat. Kartoffeln, Brot, Reis, Nudeln – alles des Teufels, auch für Tourprofis. Zwei Jahrzehnte später fing dann völlig konträr dazu die Pastamast an. Nudeln bis zum Abwinken, und das schon zum Frühstück und am besten auch noch trocken. Olaf Ludwig, in den 1990er-Jahren Profi beim Team Telekom und dort 1993 Tourkapitän, empfand die Nudelei am frühen Morgen nahezu als Angriff auf die Menschenwürde, aber mindestens als Qual. Und damit war er nicht allein. Sein Teamkollege Jens Heppner verblüffte einst am Ruhetag einer Tour Ende der 1990er-Jahre die Presse. Auf die Frage, auf was er sich nach der Zielankunft in Paris denn besonders freue, sagte er: „Auf einen Big Mac.“ Bumm – das saß. Lust auf Fast Food in einer der großen gastronomischen Weltmetropolen! Was für eine Sünde gegen den guten Geschmack, aber eben auch ein Zeichen dafür, wie sehr die Ernährung bei der Tour nerven kann. Heute heißt die Erfolgsformel übrigens: ausgewogen und viele frische Sachen essen. Das klingt schon wieder so vernünftig, dass man auf die nächste kuriose Trendwende warten kann. Anders gesagt: Wann entdeckt die Tour Superfood, Quinoa oder beides? Richtig kurios wird es beim Essen und Trinken natürlich immer dann, wenn die Nahrungsaufnahme rennentscheidend ist.

Die Weißweinpause des Abdelkader Zaaf

Der 27. Juli 1950 war ein verdammt heißer Tag. Die Zeitungen schrieben damals etwas von 45 °C, was zumindest ein kleines bisschen übertrieben war. Die höchste bisher in Frankreich amtlich gemessene Temperatur betrug nämlich 44,1 °C, und das war 2003 in Conqueyrac im Département Gard. Aber sehr heiß war es damals auf jeden Fall, und die 13. Etappe von Perpignan nach Nîmes etwas für Ausreißer. Und so nahm sich der Algerier Abdelkader Zaaf aus der ersten nordafrikanischen Mannschaft bei der Tour ein Herz und fuhr zusammen mit dem Franzosen Marcel Molinès einen Vorsprung von knapp einer Viertelstunde heraus. Im Feld hatte man wenig Lust, im Glutofen Südfrankreichs mehr zu machen als nötig, und man hielt sogar manchmal an einem Brunnen zum Trinken an. Zaaf dagegen raste weiter. Der Algerier hält nicht an und schnappt sich im Vorbeifahren alles, was er erwischen kann. So auch zwei Flaschen Weißwein vom Tisch eines Straßencafés, die er im Fahren austrinkt. Das hält natürlich kein Mensch aus. Zaaf wird es ein wenig komisch, er steigt ab, legt sich unter einen Baum und schläft sofort ein. Als ihn Zuschauer schließlich aufwecken, ist Molinès weg und auch das Feld bereits durch. Der 33-Jährige fährt weiter, allerdings in die falsche Richtung, zurück in Richtung Start. Als er sein zweites Malheur des Tages bemerkt, ist er vollends bedient. Die Tour geht ohne ihn weiter, die Weißweinpause machte ihn aber für einige Jahre zu einem gefeierten Star, der Einladungen zu Rennen und auch ein paar Sponsorengelder bekam. Im Jahr darauf fuhr er die Tour dann noch einmal – und er kam auch tatsächlich bis nach Paris. Dort rollte er als Letzter des Gesamtklassements in den Prinzenpark ein, wurde aber so sehr gefeiert wie der Sieger Hugo Koblet.

Gegen Ende seines Lebens, Zaaf starb 1986, erzählte er die Geschichte allerdings ein wenig anders. Ihm sei vor Anstrengung in der Gluthitze schlecht geworden, deshalb habe er sich unter einen Baum gelegt. Zuschauer hätten ihm dann den Wein zur Stärkung eingeflößt, und deswegen sei er danach bedüdelt in die falsche Richtung weitergefahren. Wie auch immer es sich nun genau zugetragen hat – es ist eine schöne Geschichte.

Einmal soll ein Nahrungsmittel sogar einen möglichen ersten deutschen Toursieg verhindert haben. Das war die Sache mit dem Fisch.

Hennes Junkermann und „dä Fisch“

Während der Tour 1962 war es im Juli besonders heiß. Eigentlich keine Zeit zum Fisch essen, zumal die Kühlgeräte und die Küchenhygiene damals noch nicht so gut waren wie heute. Fisch bei Hitze galt als gefährlich. Hennes Junkermann aß ihn am Abend nach der 14. Etappe trotzdem. Der zähe Rheinländer lag auf Platz fünf der Gesamtwertung, der große Jacques Anquetil auf Position drei in Schlagdistanz. Eine Überraschung lag auf dem Weg nach Paris für Junkermann in der Luft, aber genau die hatte der gute Hennes am nächsten Morgen nicht mehr. Junkermann wankte zum Start, grün im Gesicht und wacklig auf den Beinen. Nach 47 Kilometern stieg er aus und jammerte: „Hätt isch misch doch dä Fisch nit jejesse.“ Nichts war es also mit einem Toursieg, eine schnöde Lebensmittelvergiftung zwang ihn und zehn andere aus dem Sattel. Junkermanns Kritik am Abendessen erzürnte die Hoteliers in Luchon in den Pyrenäen derart, dass sie drohten, nie wieder Tourmannschaften einzuladen, wenn diese den aus ihrer Sicht ungeheuerlichen Vorwurf nicht zurücknehmen würden. Tour-de-France-Chef Jacques Goddet unterstellte den Fahrern daraufhin in der *L'Équipe* Doping, was wiederum die Sportlichen Leiter der Teams heftig erzürnte. Ein ziemlich kurioses Theater damals. Jahrzehnte später sprach Hennes Junkermann selbst von „Sabotage“. Man habe halt nicht gewollt, dass „ein kleiner Deutscher die Tour gewinnt“. Mag sein, aber den angeblichen Verursacher mit Gräten, den hat der Klettermaxe aus dem Rheinland schon selbst gegessen, wenn er es denn war, der ihm derart den Stecker gezogen hat.

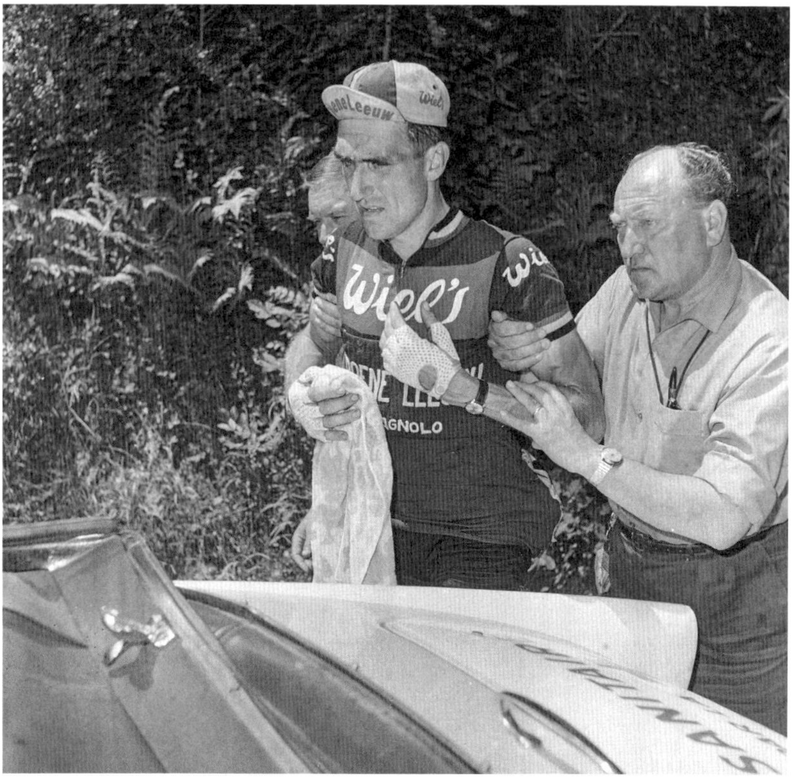

Hennes Junkermann muss nach einem angeblich verdorbenen Fisch in aussichtsreicher Lage auf der Etappe nach Carcassonne aufgeben ...

Wobei gutes Essen ja durchaus leistungsfördernd sein kann – zumindest wenn man so mancher Geschichte glaubt. Der Franzose Jacques Anquetil, fünffacher Toursieger und der größte Rennfahrer seiner Zeit, soll sich ja auch während der Tour gelegentlich wahren Völlereien hingegeben haben. Und ohne Rotwein und Zigaretten habe sich der hagere Athlet mit der sehnigen Muskulatur sowieso nie so recht wohlgefühlt, heißt es. 1964 schien er es aber überzogen zu haben. Am Ruhetag in Andorra in den Pyrenäen soll er am Abend zu Gast bei einer Party gewesen sein. Es gab jede Menge Kalbfleisch und

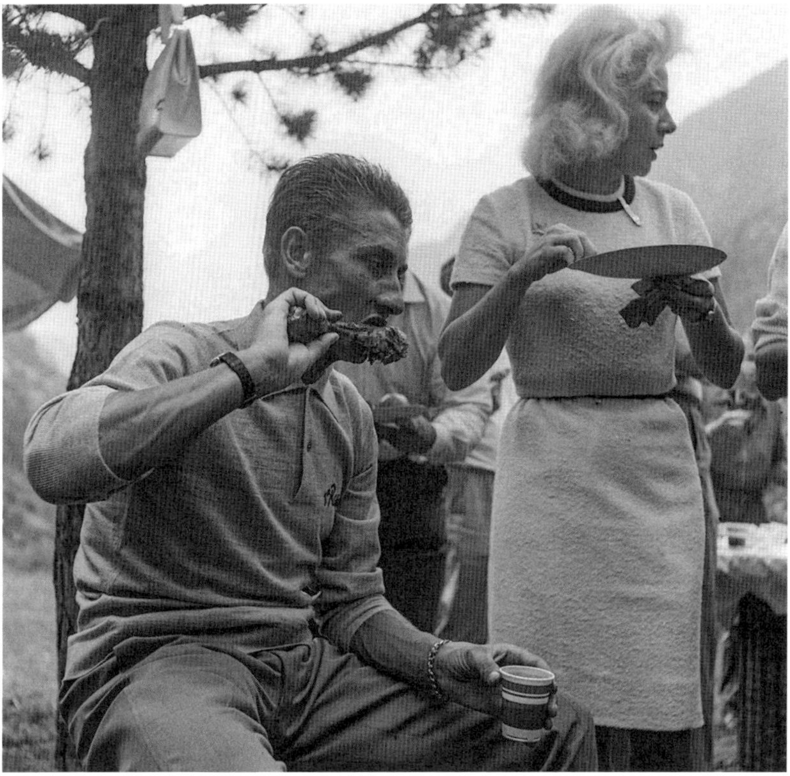

... während Jacques Anquetil offenbar einen unempfindlichen Magen hat. Der fünffache Gesamtsieger schlemmt während der Tour, trinkt dazu Alkohol und raucht auch ein wenig.

Rotwein, und es wurde auch viel geraucht. Dummerweise ging es am nächsten Tag im Sattel in die Pyrenäen. Der Maître fühlte sich ganz offensichtlich nicht so gut, was seine Konkurrenten Raymond Poulidor und Federico Bahamontes zu einem Angriff ermutigte. Anquetil konnte nicht mithalten, der Toursieg schien ernsthaft in Gefahr. Dann reagierte Raphaël Géminiani. Der Ex-Profi und damalige Teamchef in Anquetils Rennstall fuhr zu seinem schwächelnden Star und füllte dessen Trinkflasche mit Champagner, der angeblich für die Siegesfeier in Paris reserviert war. „Entweder bringt dich das Zeug um, oder es hilft", will Géminiani ihm damals zugerufen haben. Umgebracht hat Anquetil der edle Stoff ganz offensichtlich nicht. Er konnte wieder aufschließen und gewann am Ende auch die Tour – mit 55 Sekunden Vorsprung auf Poulidor. Was Champagner so alles kann, wenn man an ihn glaubt.

Aber stimmt das mit dem edlen Stoff im Auto überhaupt? Der Legende nach ja, aber wer fährt denn schon in der Gluthitze des Juli, in einem Auto ohne Klimaanlage, Schampus über teilweise recht holprige Straßen, wenn er nicht unbedingt muss? Eben, klingt nicht besonders plausibel, aber vielleicht war Géminiani auch einfach so wenig bei der Sache wie einst Hans-Michael Holczer, der Teamchef des einstigen deutschen Profiteams Gerolsteiner. Der Lehrer ist auch ein bekennender Weinliebhaber, dem Vernehmen nach versteht er sogar einiges davon. Und da die Tour ja auch durch viele renommierte Anbaugebiete führt, hat Holczer bei einer seiner ersten Tourteilnahmen über die drei Wochen ordentlich eingekauft. Hier ein Saint-Émilion Grand Cru aus dem Bordeaux, dort ein paar nette Fläschchen aus dem Burgund, dem Elsass oder der Provence. Der Stauraum in einem der Busse war jedenfalls ganz schön voll. Nach drei Wochen Hitze und Schüttelei kamen allerdings viele Flaschen als Essig in Deutschland an.

Denn Rotwein gehört – natürlich in sehr überschaubaren Mengen – durchaus auch zum Getränkeplan bei der Tour.

Einige dürften aber wohl schon während der Tour und noch in trinkbarem Zustand genossen worden sein. Denn Rotwein gehört – natürlich in sehr überschaubaren Mengen – durchaus auch zum Getränkeplan bei der Tour. Auch für die Sportler. Zumindest viele italienische Teams lassen ihre Sattelhelden abends ein Glas Rotwein trinken, das verbessert nachweislich die Durchblutung und hilft auch beim Einschlafen. Aber noch mal: nur in sehr bescheidener Dosierung.

Andere Rennfahrer meiden dagegen den Alkohol, als sei er des Teufels, was bei einem Rennen wie der Tour auch mit Sicherheit der vernünftigere Weg ist. Ein Asket vor dem Herrn war zum Beispiel der Spanier Miguel Indurain. Big Mig dominierte das Rennen von 1991 bis 1995. Fünf Siege nacheinander – das ist bis heute einmalig in der Geschichte der Tour, weil Lance Armstrongs Siebener-Serie von 1999 bis 2005 wegen Dopings annulliert worden ist. Der Baske Indurain, der in puncto Souplesse (zu Deutsch: runder Tritt) und Eleganz im Sattel bis heute unerreicht ist, war bei Essen und Trinken ein wahrer Puritaner. Vielleicht hat diese Disziplin dem wortkargen Mann mit dem Spitznamen „El Silencio“ (der Stille) auch seinen außergewöhnlichen Motor beschert. Indurain verfügte mit acht Litern Lungenkapazität über fast das doppelte Volumen eines durchschnittlichen Menschen. Der Legende nach war das Messgerät nicht mehr zu gebrauchen, nachdem Indurain hineingeblasen hatte. Sein Ruhepuls soll nur 28 Schläge pro Minute betragen haben – normale Menschen bekommen bei dem Wert eine Blitzüberweisung zum Kardiologen oder werden gleich in die Herzklinik verfrachtet.

Indurain selbst machte oft eine spezielle Diät für seine außergewöhnliche Physis verantwortlich, sagte aber nie, woraus die genau bestand. Das regte natürlich die Fantasie vieler Schreiber an, die vom hauchdünn geschnittenen baskischen Vulcano-Schinken bis zu einem über Nacht quellenden Getreidebrei so ziemlich über alles spekulierten, was eher unwahrscheinlich ist. Natürlich auch über Doping, wobei ihm zumindest Epo nie nachgewiesen werden konnte. Der Mann hatte allerdings 1994 bei einem kleineren Rennen einen positiven Test auf das Asthmamittel Salbutamol. Wie auch immer – Alkohol, die angebliche Triebfeder der frühen Tourjahre, rührte Big Mig tatsächlich nicht an. Mit dem Champagner, den man ihm bei diversen Siegerehrungen reichte, befeuchtete er nur seine Lippen, die er hinterher sorgsam mit einem Tuch abtupfte. Da war er konsequent, und dafür gab es Zeugen.

Deshalb war seiner Mannschaft am Abend des 6. Juli 1996 auch klar, dass ihr Kapitän nicht seine sechste Tour in Folge gewinnen würde. An diesem Tag hatte er auf der 200 Kilometer langen Alpenetappe von Chambéry nach Les Arcs zum ersten Mal seit Jahren Schwäche gezeigt und musste beim Schlussanstieg in die Skistation etliche Konkurrenten um ein paar Minuten ziehen lassen. Unter ihnen war übrigens auch der blutjunge Jan Ullrich bei seiner ersten Tour, der vor Schreck fast vom Rad gefallen wäre, als er merkte, wen er da gerade überholte.

Es war ja auch ein ganz besonderer Moment. Jahrelang hatte Indurain jede Attacke souverän gekontert, ohne dabei aus dem Sattel zu gehen. Und es sah auch immer so aus, als würde er dabei lächeln. Die Fachwelt war erstaunt, aber man war sich sicher, dass dies ein einmaliger Ausrutscher und nicht die Götterdämmerung war. Schließlich geschah das Malheur schon auf der siebten von 21 Etappen, und die Pyrenäen mit dem Abschnitt, der zu seinen Ehren durch seinen Geburtsort Villava-Atarrabia führte, kamen ja erst noch. Seine Gefährten im Banesto-Team gingen aber mit dem Gefühl ins Bett, dass die Tour für Indurain gelaufen war. Der schweigsame Asket hatte sich nach dem Rennen im Hotel an den Tisch gesetzt und zum Essen ein Glas Wein bestellt. Das war für alle, auch ganz ohne Worte, das sichtbare Signal für ein „Das war's!". Und so kam es auch. Bei der Etappe durch Villava verlor er noch einmal acht Minuten, in Paris kam er als Elfter an. Ein paar Tage später wurde er noch Olympiasieger im Einzelzeitfahren bei den Spielen von Atlanta, bei denen zum ersten Mal Berufsradfahrer zugelassen waren. Danach versuchte er sich noch an der Vuelta, gab aber unterwegs auf und beendete seine Karriere.

In der jüngeren Zeit achten immer mehr Berufsfahrer streng auf ihre Ernährung.

In der jüngeren Zeit achten immer mehr Berufsfahrer streng auf ihre Ernährung, was auch an der Tour nicht spurlos vorbeiging. Kurios allerdings, dass die Tourmacher zum Anfang dieses Jahrtausends drei italienische Köche engagiert haben, die abwechselnd die Mannschaften, bevorzugt die italienischen, besuchten, um Nudeln zu kochen. Pasta gehört ja zur Ernährung eines Radprofis wie der Lenker ans Velo, aber offenbar trauten die Tourchefs ihren eigenen Landsleuten in puncto al dente nicht über den Weg. Und es gab tatsächlich immer wieder Beschwerden, dass die französischen Köche in den Hotels die Nudeln immer restlos verkochen lassen würden. Und da versteht man in Italien keinen Spaß.

Heute haben die großen Mannschaften übrigens ihre eigenen Köche dabei. Wobei die Sache mit den Nudeln noch eine Steigerung kennt. Fahrer des Teams Gerolsteiner hatten sich einst im Hotel heißes Wasser zum Teeaufbrühen bestellt. Es kam eine ziemlich undurchsichtige Brühe – es war das Wasser, in dem vorher die Nudeln fürs Pastafrühstück gekocht worden waren. Nudeltee oder die Rache der Franzosen an der Pasta-Kritik? Man weiß es nicht, aber heute ist es sowieso Alltag, dass die großen Teams die Ernährung ihrer Profis nahezu komplett in Eigenregie organisieren.

Doping

Zugegeben: Es ist ein ziemlich unappetitliches Thema, aber eben auch die Realität. Der Versuch, durch Einnahme irgendwelcher Substanzen dem Körper mehr Kraft zu geben, ist so alt wie der Spitzensport selbst – und das gilt mit Sicherheit nicht nur für den Radsport. In den Anfangsjahren der Tour war dies im Übrigen auch noch völlig legal; mit welchen Präparaten die Profis ihre oft über 400 Kilometer langen Etappen auf Rädern ohne Schaltung und Freilauf bewältigten, war deren Sache. Und da wurde sauber geschluckt. Alkohol, weil es angeblich fit machte, was natürlich nicht stimmt. Daneben aber auch harte Drogen wie Kokain oder sogar Heroin. Dazu gab es eher Harmloses wie Eigelb im Glas oder Krabbencocktails. Vergriff sich mal ein Athlet oder auch eine ganze Mannschaft und lag mit Magen-Darm-Problemen danieder, wurde das schnell als „Lebensmittelvergiftung" getarnt, was die Hoteliers der Betroffenen zwar fuchsteufelswild machte, aber die Offiziellen beruhigte. Das ist übrigens bis in die Neuzeit manchmal noch so.

In der Urzeit des Rennens gaben manche Profis Leistungssteigerung über Pharmazeutika oder Drogen völlig freimütig zu. Es herrschte allgemein der Glaube, ohne helfende Substanzen ginge es schlicht nicht. Und bei der Wahl der Mittel waren die frühen Profis bei der Tour nicht gerade zimperlich. In den Frühtagen der Tour kursierte eine Liste mit allerlei Substanzen, die angeblich helfen sollten. Darauf standen harmlose und alltägliche Dinge wie Kaffee oder Tee, aber auch Alkohol und Nikotin. Besonders beim Alkohol hoffte man auf die kurzzeitige Stimulanz, die es ja auch gibt. Da dieser Effekt aber schnell nachlässt, haben die Urprofis gern und rasch nachgeladen. Was damals bei der Tour de France so getrunken wurde, weiß man zwar nicht genau. Überliefert ist aber der „Trinkplan" französischer

Profis für das Rennen Bordeaux–Paris, das über 600 Kilometer ging. Da tranken die Werksfahrer der französischen Radmarke Alcyon eine Flasche Cognac. Jeder, wohlgemerkt! Aber damit nicht genug. Obendrauf gab es noch einige Gläser Weißwein, Portwein und Champagner. Unvorstellbar, wie die Profis überhaupt im Sattel das Ziel erreichen konnten, schließlich dreht sich beim Alkohol der Effekt ins Negative, wenn man zu viel trinkt. Und die Herren haben damals deutlich zu viel getrunken.

Aber beim Alkohol war noch lange nicht Schluss. Geschluckt und gespritzt wurden außerdem Kokain, Strychnin, Morphium, Opium, Digitalis, Nitroglyzerin und auch Äther. Genau: Äther – wie ein Narkosemittel schnelle Beine machen soll, ist kaum vorstellbar. Aber es wurde offenbar versucht. Auch den Organisatoren der Tour war das, was man heute Manipulation nennt, damals noch völlig egal. Man hatte am Anfang zwar leise Bedenken, dass sich die Zuschauer und Leser vom Rennen abwenden könnten, aber nachdem von deren Seiten keinerlei negative Reaktionen kamen und es auch den Anzeigenkunden von *L'Auto* völlig schnuppe war, was die Fahrer so alles zu sich nahmen, machte sich Tourgründer Henri Desgrange eigentlich nur noch um eines Sorgen: ums Geld. Und so kam es, dass Desgrange 1930 in die Verträge mit den Fahrern den Passus aufnehmen ließ, dass die Tour nicht für die Kosten „stimulierender Mittel und Dopingsubstanzen“ aufkäme und die Fahrer ihre Drogen selbst zu bezahlen hätten. Die Tour ließ also dopen, zahlen wollte sie dafür aber nicht.

In der Urzeit des Rennens gaben manche Profis Leistungssteigerung über Pharmazeutika oder Drogen völlig freimütig zu.

Aber es gab damals auch Profis, die zumindest nach außen nichts mit Doping zu tun haben wollten, zumindest nicht mit den harten Sachen. Einer davon war Kurt Stöpel. Der Berliner gewann an einem der heißesten Tage der Tour 1932 in der Normandie die zweite Etappe von Caen nach Nantes nach für damalige Verhältnisse eher bescheidenen 295 Kilometern im Sprint. Der 24-jährige Stöpel war Mitglied des deutsch-österreichischen Teams und der erste deutsche Etappensieger überhaupt. Stöpel durfte sich an diesem Abend, ebenfalls als erster *Allemande*, das 1919 eingeführte Gelbe Trikot des Spitzenreiters im Gesamtklassement überstreifen. Eine große, wenn auch kurze Ehre. Am nächsten Tag ging es weiter, über knapp 400 Kilometer von Nantes nach Bordeaux. Der Berliner kämpfte mit fünf Reifenpannen und war am Ende des Tages die Gesamtführung wieder los. Trotzdem wurde die Tour ein großer Erfolg für ihn. Am Ende der knapp 4.500 Kilometer kam Stöpel als Gesamtzweiter knapp 25 Minuten hinter dem Franzosen André Leducq ins Ziel. „Ich habe so gekämpft, dass ich im Ziel der Tour 30 Pfund leichter als am Start war“, sagte er damals. Und das ohne Doping – wie er sagte: „Ich habe manchmal ein bisschen französischen Kirschlikör getrunken, das war alles“, erklärte er. Dass Kirschlikör beim schnellen Fahren hilft, ist zwar wenig wahrscheinlich, aber zu Stöpels Zeiten fuhren die Besten auch schon mit einem Schnitt um die 30 Stundenkilometer durch Frankreich. Vielleicht stimmt es ja doch. Es dauerte übrigens bis 1996, ehe mit Jan Ullrich wieder einmal ein deutscher Profi am Ende so weit vorn lag. Das hat Kurt Stöpel in einem Berliner Seniorenheim noch am Fernseher miterlebt. Kurz vor Ullrichs größtem Erfolg ein Jahr später starb der gelernte Journalist dann aber im Juni 1997 mit 89 Jahren, weil er tragischerweise und aus Versehen aus einer Flasche mit einem Reinigungsmittel getrunken hatte.

Fahrerstreik nach Dopingtests

Auf Basis einer gemeinsamen Regelung wird im Radsport erst seit 1966 auf Doping getestet. Damals gab es die erste unangemeldete Kontrolle bei der Tour, was am nächsten Tag auf der Etappe zwischen Bordeaux und Bayonne zu einem Fahrerstreik führte. Das Feld hielt kurzzeitig an und ging trotzig ein paar Minuten zu Fuß. Tom Simpson fuhr dann als Erster wieder weiter, die anderen folgten. Die Kontrollen brachten sie damit nicht zu Fall, und gerade Tom Simpson lieferte ein Jahr später, am Anstieg zum Mont Ventoux, den Grund für weitere und schärfere Kontrollen. Simpson kollabierte bei großer Hitze zwei Kilometer vor dem Gipfel und starb am Straßenrand, nachdem er kurz zuvor den ersten Helfern noch ein „Put me back on my bike" zugerufen haben soll. Ob das stimmt, weiß man nicht sicher. Fakt ist aber, dass Simpson gedopt war, mit diversen Drogen, die ihn seine Erschöpfung und die Warnsignale seines Körpers nicht spüren ließen. Die Tour ließ daraufhin vermehrt kontrollieren. Dabei ging es aber weniger darum, unlautere Leistungssteigerung zu verhindern, sondern das Rennen vor weiteren Dopingtoten zu bewahren. Denn das wäre natürlich geschäftsschädigend gewesen.

Der Fall Simpson zeigt aber auch die Widersprüchlichkeit der gesamten Dopingproblematik. An der Stelle, wo der Brite sein Leben aushauchte, steht heute ein Gedenkstein. „No mountain too high, daddy", haben seine Töchter, die er nicht hat groß werden sehen, darauf eingravieren lassen. Noch heute halten hier jedes Jahr Legionen von Hobbyfahrern auf dem Weg zum Gipfel. Einige drapieren eine Trinkflasche oder einen Reifen an dem Stein, wie auf einem Altar. Andere verharren auch im Gebet. Das Simpson Memorial ist ein Ort der tiefen Ehrbezeugung – und das für einen Mann, der sich vollge-

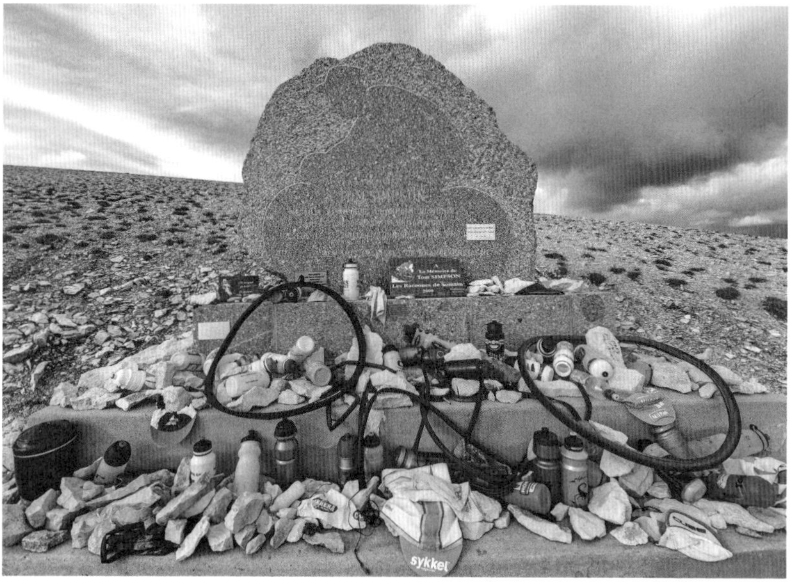

Das Simpson Memorial am Mont Ventoux wurde über die Jahre zu einer Art Altar. Fans ehren hier einen Mann, der sich bei glühender Hitze vollgedopt zu Tode geschunden hat.

dopt zu Tode geradelt hat. Trotzdem bewundern ihn die Fans auch mehr als 50 Jahre danach immer noch. Man fragt sich allerdings: wofür eigentlich?

Aber durch ihn gingen zumindest die Kontrollen verschärft weiter. Und so gibt es in der Geschichte der Tour immer wieder überführte Sünder. Die tischten dann manchmal Storys und Ausreden auf, die so schräg und abgefahren sind, dass man eigentlich nur darüber lachen kann. Leider weiß man nicht, was der Profi, der 1978 in Alpe d'Huez mit dem weiblichen Schwangerschaftshormon im Urin überführt wurde, dazu erklärt hat, weil man weder den Namen des biologischen Phänomens kennt noch die Geschichte überhaupt verifizieren kann, obwohl sie x-mal kolportiert wurde.

Bei anderen Geschehnissen ist das wesentlich einfacher. Eine sehr hübsche Geschichte präsentierte zum Beispiel 2006 Floyd Landis. Der Amerikaner hatte die Tour gewonnen und das mit einem Paukenschlag in den Alpen eingeleitet. Dort war er bei der Ankunft in La Toussuire zunächst böse abgehängt worden. Am nächsten Tag fuhr er dann wie von einem anderen Stern in Richtung Morzine, raste allein vornweg und vergrößerte auch in der Ebene den Abstand zu einer neun Mann starken Verfolgergruppe, was so eigentlich nicht möglich ist. Kurzum, der Mann war „voll" und wurde dann auch des Testosteron-Dopings überführt, woraufhin man ihm seinen Toursieg aberkannte. Zunächst sagte er, er habe wegen eines Hüftleidens ganz legal Cortison nehmen dürfen, was den hohen Testosteronwert erklären würde. Als ihm das um die Ohren flog, erklärte er, dass er am Abend vor der Etappe vier Whiskey und zwei Bier gegen den Frust getrunken habe. Na dann – wenn Alkohol so wirken würde, wäre es ja wunderbar! Das ist aber purer Unsinn.

Ziemlich gewagte Ausreden

Wirklich gewagt war auch die Ausrede von Alberto Contador. Der spanische Radprofi wurde 2010 positiv auf das Kälbermastmittel Clenbuterol getestet. Das habe er natürlich nicht als Pille geschluckt oder gespritzt und schon gar nicht mit Absicht. Das Mittel sei in einem kontaminierten Stück Fleisch gewesen, behauptete Contador. Allein den Gremien fehlte der Glaube: So viel Fleisch könne man überhaupt nicht essen. Contador wurde für zwei Jahre gesperrt, sein Toursieg 2010 gestrichen.

Hier noch zwei kuriose Erklärungen von Dopingsündern, die zwar nicht bei der Tour erwischt wurden, die aber mehrfach dort gefahren sind. Der Telekom-Profi und Ullrich-Helfer Christian Henn erklärte einen positiven Test auf Testosteron mit seinem Kinderwunsch. Er habe, so der Heidelberger, zur Stärkung seiner Manneskraft ein Hausmittel seiner Schwiegermutter benutzt, ein Konzentrat aus Stierhoden. Klingt nicht wirklich lecker, hat aber, wenn es denn so war, zumindest gewirkt. Und während seiner sechsmonatigen Sperre hatte er dann auch Zeit für das Thema Nachwuchs. Gilberto Simoni wurde 2002 positiv auf Kokain getestet. Simoni freilich will dafür nichts können. Mit Unschuldsmiene erklärte er damals, das Kokain könne nur in den Karamellbonbons gewesen sein, die sich der Italiener aus Südamerika mitgebracht hatte. Ob man dort wirklich solche Bonbons produziert? Nichts Genaues weiß man nicht, aber wohl eher nicht.

Lance Armstrong übrigens, der wohl bei allen seiner sieben mittlerweile aberkannten Toursiege chemisch nachgeholfen hat, ist kurioserweise bei der Tour direkt nie aufgefallen. Dutzende von Tests – alle negativ. Wie er das geschafft hat, wird sein Geheimnis bleiben.

Bei so vielen Tests ungeschoren durchzukommen, sagt aber auch viel darüber aus, wer am besseren Ende des Tisches sitzt. Ganz offensichtlich sind die Tester nicht in der Lage, jeden Doper auch zu erwischen. Wer genug Geld hat und davon Spezialisten zur Doping-Verschleierung bezahlt, kommt offenbar durch. Wie auch Armstrong, der davon allerdings jetzt nichts mehr hat. Alle Siege aberkannt und dazu noch eine Persona non grata, das macht keinen Spaß. Einen kleinen positiven Test außerhalb der Tour hatte Armstrong 1999 aber schon. Und den erklärte er mit einer entzündungshemmenden Salbe für seinen Hintern.

Bei so vielen Tests ungeschoren durchzukommen, sagt aber auch viel darüber aus, wer am besseren Ende des Tisches sitzt.

Chaos-Tour 1998

Das dunkelste Kapitel der Tour in Sachen Doping hatte jedoch nichts mit dem Texaner zu tun. 1998 stand die Tour de France nach 17 von 21 Etappen kurz vor dem Abbruch, was dann durchaus das finale Ende der gesamten Veranstaltung hätte bedeuten können. Auf jeden Fall war diese Tour eine Grenzerfahrung, wie es sie davor und danach nicht mehr gab. Dabei hatte alles so friedlich angefangen. Der Start hatte in der irischen Hauptstadt Dublin stattgefunden, wo es damals tatsächlich relativ wenig regnete. Obendrein war ganz Frankreich euphorisch, weil sich die Fußballer gerade anschickten, im eigenen Land Weltmeister zu werden. Einen Tag vor dem Prolog platzte aber eine Bombe: Willy Voet, ein Betreuer und Masseur im Festina-Team von Tourmitfavorit Richard Virenque, wurde an der belgisch-französischen Grenze, auf dem Weg zur Fähre nach Irland, vom Zoll kontrolliert. Die Beamten fanden 400 Ampullen Dopingsubstanzen, darunter 150 Ampullen Epo. Voet wurde festgenommen und in Lille inhaftiert. Danach wurde es schnell kurios. Bruno Roussel, der Sportchef bei Festina, tat erst so, als hätte das überhaupt nichts mit seinem Team zu tun. „Wir vermissen weder einen Masseur noch ein Auto", polterte er los. Kurz danach musste er zurückrudern, niemand hatte ihm geglaubt, seinen eigenen Angestellten nicht zu kennen. Roussel räumte das schließlich auch ein, behauptete aber, dass Voet nicht zum Tourtross gehören würde – was kurz danach auch als Lüge aufflog.

Danach war die Lawine nicht mehr aufzuhalten. Als die Tour am 14. Juli, von Irland kommend, in Roscoff in der Bretagne auf französischem Boden angekommen war, ließ die Staatsanwaltschaft Bruno Roussel verhaften. Willy Voet hatte im Knast ausgesagt, dass er im Auftrag der Teamleitung unterwegs gewesen sei. Kurz darauf wurde in

Lyon das gesamte Festina-Team, einschließlich der Stars wie Richard Virenque und der Schweizer Alex Zülle, aus der Tour heraus verhaftet und für eine Nacht ins Gefängnis gesteckt. Unter diesem Druck gestanden sieben Festina-Profis Epo-Doping, darunter auch Zülle. Nur Virenque und Pascal Hervé stritten Doping weiter ab – Virenque unter Tränen und live im französischen Fernsehen. Er wurde dann auch erst einige Zeit später überführt und gesperrt, wenn auch nur für sieben Monate.

Die Tourgranden um A.S.O.-Chef Jean-Claude Killy und Tourdirektor Jean-Marie Leblanc verstanden damals die Welt nicht mehr. Bisher hatte die Politik stets ihre Hand über das nationale Prestigeobjekt und Monument gehalten. Das war auf einmal ganz anders, die Tour hatte plötzlich keinen politischen Rückhalt mehr im Land. In Frankreich war seit 1997 ein Linksbündnis unter Lionel Jospin an der Regierung, Sportministerin Marie-George Buffet redete Klartext: „Wenn eine Tour ohne Doping nicht möglich ist, dann brauchen wir auch keine Tour." Polizei und Staatsanwaltschaft ermittelten munter weiter, durchsuchten Hotels, schleppten Profis des holländischen TVM-Teams mitten in der Nacht zu Vernehmungen und Blutproben auf die Wache in Albertville. Am nächsten Tag stand die Tour vor dem Aus. Nach 30 Kilometern auf der Etappe nach Aix-les-Bains hielten die Fahrer an, lösten ihre Startnummern vom Trikot und setzten sich auf die Straße. Auch Marco Pantani, der Führende. In diesen nervenzerfetzenden Minuten stand die Tour kurz vor dem Abbruch. Am Ende gelang es Leblanc, die Fahrer doch noch zum Weitermachen zu überreden, die Etappe wurde aber nicht gewertet.

Bisher hatte die Politik stets ihre Hand über das nationale Prestigeobjekt und Monument gehalten.

Danach war aber immer noch nicht Ruhe. Vier Tage vor dem Finale in Paris wurden noch Rodolfo Massa, der Träger des Bergtrikots, und der Arzt des spanischen Once-Teams, Nicolás Terrados Cepeda, verhaftet. Unter normalen Umständen hätte das allein für ein weltweites Presseecho gereicht, dieser Polizeieinsatz war aber nur noch eine letzte, eher kleine Welle eines Tsunamis. Am Ende verließen sieben der 21 Mannschaften vorzeitig die Tour, nur 96 Profis kamen in Paris in die Wertung. Und das Kuriose dabei: Trotz einer dreiwöchigen Enthüllungsorgie in Sachen Doping empfingen die Fans den traurigen Rest des Feldes auf den Champs-Élysées als sei nichts gewesen. Damals dachte man, schlimmer könne es eigentlich nicht mehr kommen. Kam es auch nicht, zumindest was die Existenz des Rennens betrifft. Die Blutbeutel-Affäre Fuentes 2006 und die Weiterungen daraus, die auch den deutschen Radsport um Jan Ullrich, Erik Zabel und Stefan Schumacher in den Abgrund rissen, und die Entzauberung der Lichtgestalt Lance Armstrong waren zwar kaum weniger dramatisch. Das Rennen selbst brachten sie aber nicht mehr in Gefahr.

Die Tour und die Presse

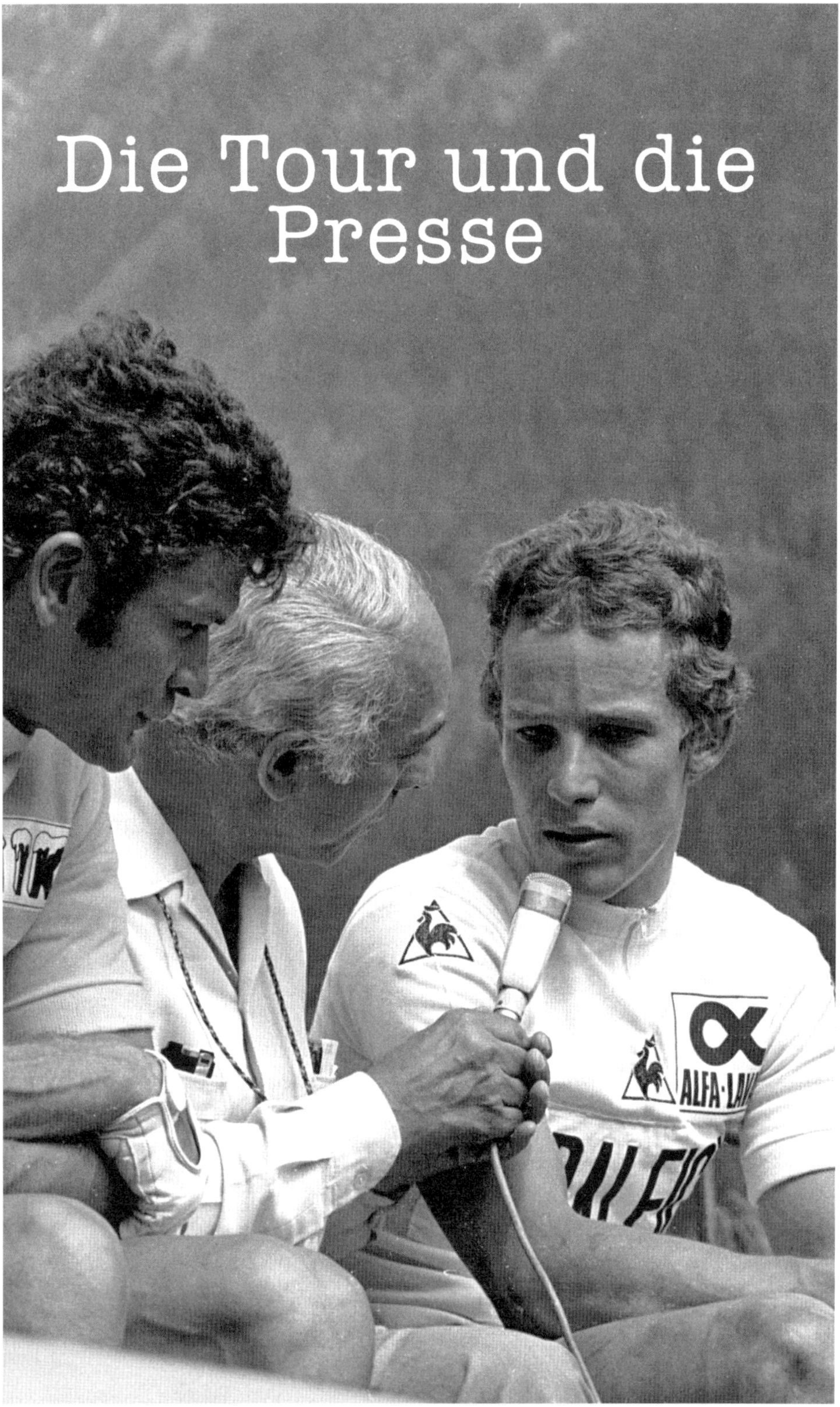

Unter arbeitsrechtlichen Gesichtspunkten ist die Tour de France für Journalisten eigentlich ein absolutes No-Go. Arbeitstage von 14 Stunden sind ebenso normal wie stundenlanges Stehen im Stau oder bockige Hoteliers, wenn man am Ende eines langen Tages mit dem Magen in der Kniekehle noch etwas essen will. Ein Tourreporter überschreitet locker die gesetzlichen Lenkzeiten eines Berufskraftfahrers und braucht bei der Suche nach Pressezentren, Teamhotels oder der eigenen Bleibe die Stressresistenz eines Börsenmaklers, gepaart mit der Gelassenheit indischer Yogis nach drei Stunden Om. Der berühmte Sportjournalist und Schriftsteller Hans Blickensdörfer hat einmal gesagt: „Man verwildert schrecklich in dieser schwitzenden, hemdsärmeligen Männergesellschaft, und man muss zurück zu Hause auch wieder lernen, sich den Gepflogenheiten eines reglementierten Straßenverkehrs anzupassen.“ Das war zwar in den 1970er-Jahren, aber es gilt auch heute noch genauso. Blickensdörfer, den alle nur „bli“ nannten, beschrieb auch, wie man dieses Rennen als Journalist am Ende verflucht und nach der Rückkehr sagt: Nie wieder! Aber nach spätestens drei Wochen ist das alles vergessen. Und im April des kommenden Jahres beginnt es wieder zu kribbeln. Auf ein Neues, zurück in den Wahnsinn, der aber auch immer wieder derart kuriose Szenen zaubert, dass man sie noch seinen Urenkeln erzählen kann …

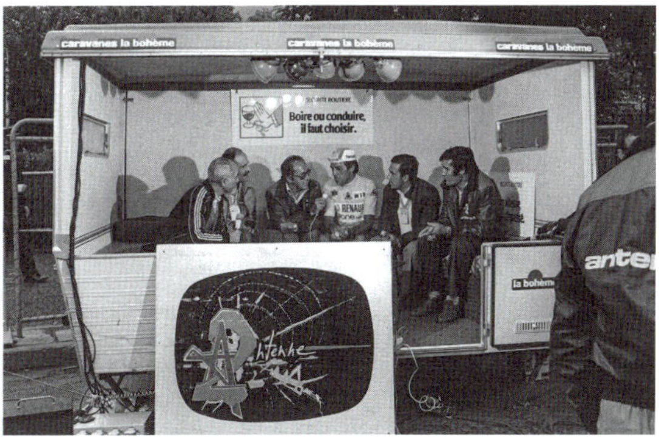

Auch das Equipment der Journalisten sollte mobil sein, wie der kleine Interviewraum auf Rädern 1979 im Ziel in Luchon.

Gegen den Strom am Mont Ventoux

Es gibt eine in Stein gemeißelte Regel für alle Begleitfahrzeuge der Tour, sozusagen der Artikel 1 der Tour-Verkehrsordnung: Gefahren wird nur in Rennrichtung, immer. Das ist wie auf der Autobahn. Wer das ignoriert und gegen die Rennrichtung fährt, verliert die Berechtigung, sich auf dem Kurs bewegen zu dürfen, und damit die Grundlage seiner Arbeit. Ohne Gnade. Es war im Jahr 2000: Die elfte Etappe endete mit einer Bergankunft auf dem berühmten Mont Ventoux. Das Pressezentrum war auf einem steinigen Hochplateau kurz unterhalb des Gipfels aufgebaut – so stand es zumindest in den Unterlagen. Also auf Richtung Gipfel!

Man muss wissen: Es ist kein Spaß, ein paar Stunden vor dem Rennen eine 21 Kilometer lange Passstraße mit dem Auto hochzufahren, die von Hunderttausenden Fans gesäumt wird. Es geht nur zäh voran, weil die Leute kreuz und quer über die Straße laufen, mit Pinseln die Namen ihrer Stars auf den Asphalt malen und sich herzlich wenig um den Verkehr kümmern. Streng genommen überhaupt nicht. Dazu kommen Hunderte Hobbyradler, die sich diesen herben Kanten kurz vor dem Rennen noch selbst im Sattel antun wollen. Für die 21 Kilometer braucht man im Auto also gut eine Stunde, und als wir schließlich oben waren, war da viel zu sehen, nur eben kein Pressezentrum. Das riesige Zelt, in dem 800 Journalisten hätten arbeiten sollen, war in der Nacht zuvor von einem Sturm einfach weggeblasen worden. Ein Polizist erklärte schließlich

Man muss wissen: Es ist kein Spaß, ein paar Stunden vor dem Rennen eine 21 Kilometer lange Passstraße mit dem Auto hochzufahren.

dem heimatlosen Pressekonvoi, das neue Pressezentrum sei unten in Carpentras.

Also gut, ab über die Passhöhe, auf der anderen Seite hinunter nach Malaucène und von dort weiter nach Carpentras. Im Prinzip ganz einfach. Oben dann die Ernüchterung – hier dürfe keiner durch. Auf die Frage, wie es denn dann nach Carpentras gehen solle, sagte der Ordner: „Da lang“, und deutete gegen die Rennrichtung wieder hinunter nach Bédoin. Wir lachten, aber der Mann meinte es absolut ernst. In etwa einer Stunde würde die Werbekarawane kommen, und wir sollten nun die 21 Kilometer den Berg in Gegenrichtung wieder herunterfahren, durch feiernde Fans und entgegenkommende Hobbyradler, die zudem mit allem rechneten, nur nicht mit Fahrzeugen aus Richtung Gipfel. Aber es kann genau so – ein einmaliger Vorgang in der neueren Tourgeschichte. Dass dabei niemand zu Schaden kam, kann nur daran gelegen haben, dass alle Schutzengel dieser Welt damals gleichzeitig am Ventoux waren. Ich weiß noch, dass ich am Ende so fertig war und zitterte, als wäre ich den Ventoux im Renntempo mit dem Rad hochgefahren. Zweimal.

Die Sache mit dem Cabrio

Autogeschichten, die sich die Tourbegleiter jahrelang immer wieder erzählen, sind Legion. Eine sehr hübsche Geschichte, weil doch ziemlich peinlich, ist mir noch tief im Gedächtnis. Kein Wunder, ich war selbst das Opfer. Es ist bei der Tour oft so, dass Journalisten von großen Herstellern Autos für die drei Wochen Rennbegleitung zur Verfügung gestellt bekommen. Natürlich nicht ganz selbstlos, schließlich fährt das Vehikel an gut 20 Millionen Menschen vorbei, wenn es das ganze Rennen dabei ist. Das ist günstige Werbung, zumal die Autofirmen auch noch darauf hoffen können, im Fernsehen sichtbar zu sein. Mir wurde einst die Ehre zuteil, ein Cabrio-Modell eines großen Stuttgarter Sportwagenherstellers mit einem superfetten Motor für die Tour zu bekommen. Was ich erst bei der Fahrzeugübernahme feststellte: Die Mühle war signalgelb wie das Trikot des Führenden, und damit extrem auffällig. Aber gut, was soll's. Und es war tatsächlich auch ein Spaß, mit offenem Dach hinter dem Feld herzuzuckeln oder volle Lotte vornwegzupreschen, gar keine Frage.

Bis zu dem Tag, an dem in der Gegend von Grenoble schwarze Wolken am Horizont aufzogen. Der Himmel machte schnell dicht, aber das ist ja grundsätzlich kein Problem. Als die ersten Tropfen fallen, kurz anhalten. Rechts in der Konsole strahlt der Knopf, mit dem man das Verdeck elektrisch schließen kann. Also draufdrücken – aber nichts passiert. Keine Reaktion. Nada. Noch mal, aber wieder nichts. Der Regen wird stärker, die Zuschauer am Straßenrand spannen ihre Schirme auf, ich drücke immer hektischer – das dämliche Dach tut keinen Mucks. Mittlerweile schüttet es, und die Leute beginnen zu lachen und deuten unter ihren Schirmen auf den Trottel im auffälligen Flitzer. Da sitzt du nun auf dem Präsentierteller, langsam läuft dir das Wasser in den Kragen, und die Fans quieken vor Freude. Also Gang einlegen,

Vollgas und ab. Nach ein paar Kilometern spannt sich eine Brücke über die Rennstrecke. Darunter anhalten und erst einmal durchatmen. Mittlerweile ist die ganze Karre innen tropfnass, die *L'Équipe* auf dem Beifahrersitz beginnt sich aufzulösen. Im Handschuhfach liegt zum Glück eine Bedienungsanleitung. Die ist allerdings so dick wie das Hamburger Telefonbuch, aber gut, hilft ja nichts. Nach einigen Minuten habe ich schließlich die Lösung: Wer bei laufendem Motor das Verdeck schließen will, muss dazu die Handbremse anziehen. Das hätte ich wissen sollen. Weiter ging's, und das Auto war nach zwei Tagen auch wieder trocken. Fast jedenfalls.

Aufpassen muss man aber nicht nur mit dem Verdeck, sondern auch mit der Geschwindigkeit. Früher durften bei der Tour die Autos nach Herzenslust über die gesperrte Strecke brettern, heute herrscht angesichts der Verkehrsdichte ein striktes Reglement, meistens zumindest. Während der Rennzeit darf auf dem Tourparcours allerdings immer noch das Tempolimit ignoriert werden. Aber eben nur dann. Dokumentiert ist der Fall, dass ein Journalist, zufällig der Autor dieses Buches, mit einem ziemlich hohen Tempo durch ein Alpental Richtung Start raste. Plötzlich hatte er zwei Gendarmen auf ihren Motorrädern hinter sich, die er genüsslich mit durchgedrücktem Gaspedal noch ein wenig auf Abstand hielt. Der Mann wähnte sich im Recht, er fuhr ja ein Auto mit Zulassung für die Rennstrecke. Schließlich ließ er sie passieren. Die Ordnungshüter waren ziemlich angefressen, der Journalist sehr entspannt. Auf die Ansage der Polizisten, er sei viel zu schnell gefahren, konterte der Reporter locker: „Bin ich nicht, das hier ist ein Pressefahrzeug der Tour, und dies ist auch die Rennstrecke, meine Herren." Der eine Polizist nickte bedeutsam. Das sei schon korrekt, aber die Sperre gelte erst ab 10 Uhr. Dummerweise war es erst halb zehn. Die Sache wäre ziemlich teuer geworden, aber die Polizisten beließen es angesichts des kreidebleichen Journalisten bei einer mündlichen Verwarnung. Auf dieses Glück sollte man heute freilich nicht mehr hoffen.

Mit Rudi Altig geht es besser

Es sei denn, der Verkehrssünder ist bekannt genug, um einen Sonderbonus zu erhalten. Karsten Migels, der seit mehr als zwei Jahrzehnten für Eurosport die Tour kommentiert, erinnert sich noch an seine erste Tour als Journalist 1998. Migels fuhr zusammen mit Rudi Altig in einem Auto. Auf dem Rückweg von der Bergankunft in Alpe d'Huez ins Hotel nach Grenoble standen sie in dem üblichen kilometerlangen Stau abreisender Zuschauer und Mannschaften. Auf der einspurigen Landstraße geht dann stundenlang so gut wie nichts – wenn man auf seiner Spur bleibt. Rudi Altig am Steuer tat aber das, was ganz viele Tourbegleiter tun. Links raus, volle Lotte am Stau vorbei, wenn einer entgegenkommt, kurz in eine Lücke quetschen und weiter. Sie kamen so auch ein gutes Stück weit, ehe die Polizei sie stoppte. „Die Ordnungshüter waren einigermaßen gereizt, weil Altig doch ziemlich dreist unterwegs gewesen war", erinnert sich Migels. Rudi Altig aber stieg locker und lächelnd aus, erklärte den verdutzten Gendarmen in fließendem Französisch, wer er denn sei und dass einer, der 20 Tage das Gelbe Trikot getragen habe, bei der Tour eben wichtige Termine hätte – auch wenn seine Erfolge schon ein paar Jährchen her seien. „Oh – Rüdi", schwärmte plötzlich einer der Polizisten. Man muss wissen, „Sacré Rüdi" war zu seiner aktiven Zeit in den 1960er-Jahren ungeheuer populär in Frankreich, und als der Mannheimer auch noch Autogrammkarten aus der Jacke fischte, war alles wieder gut. Vor dem Gesetz sind natürlich auch in Frankreich eigentlich alle gleich, manche aber eben gleicher. Also „Bonne route" und weiter Richtung Hotel, wobei einem da auch einiges passieren kann bei der Tour.

Wo zum Teufel ist das Bett?

Viel zum Schlafen kommen die Begleiter der Tour während der drei Wochen nicht. Außer an den Ruhetagen ist der Tross jeden Tag auf Reisen, und wenn am Abend der letzte Text getippt und das letzte Interview in einem Teamhotel geführt ist, steht die Sonne schon sehr tief, was im Hochsommer ja erst so gegen 9 Uhr der Fall ist. Dann schnell noch etwas essen und ein paar Stunden schlafen, ehe es am nächsten Tag schon früh am Morgen Richtung Tagesziel weitergeht. Die Frage, wo man nachts schläft, lösen die Schreiber höchst unterschiedlich. Manche buchen schon Monate vorher die ganze Tour durch, was den Vorteil mit sich bringt, dass man ein sicheres Bett hat. Aber auch den Nachteil, sich sklavisch an den Plan halten zu müssen, was bei der Tour mit ihren überraschenden Wendungen nicht immer möglich ist. Andere suchen sich erst am Morgen eine Bleibe für die Nacht. Auch das klappt meistens, aber eben nicht immer. Es gibt kaum einen Tourreporter, der nicht schon mal eine Nacht im Auto verbracht hat. Kurios wird es allerdings, wenn man trotz Zimmer am nächsten Morgen mitten auf dem Boden aufwacht. Aber auch das ist schon passiert. Nüchtern, wohlgemerkt.

Es gibt kaum einen Tourreporter, der nicht schon mal eine Nacht im Auto verbracht hat.

Im Jahr 1993 war die Tour an einem Samstag in Montpellier angekommen. Olaf Ludwig hatte für sein Team Telekom die Etappe gewonnen, die deutsche Presse saß noch lange im Mannschaftshotel mit Ludwig zusammen. Deutsche Etappensiege waren damals etwas Seltenes und fanden deshalb natürlich viel Aufmerksamkeit. Es war schon ziemlich spät, als die letzten deutschen Journalisten zu ihren Quartieren aufbrachen. Drei von ihnen hatten zunächst keine Unterkunft gefunden, aber auf den letzen Drücker noch Zimmer für

600 Francs in einem Schlosshotel ergattern können. 600 Francs waren damals ein ordentliches Pfund, man übernachtete in der Regel für ein Viertel davon. Maximal. Der hohe Preis garantierte also Ärger bei der Spesenabrechnung. Aber es gab sonst nichts mehr. Das Schloss thronte einsam auf einem Hügel – die Zimmer riesig mit schweren Möbeln und offenem Kamin, aber ohne Bett, zumindest ohne sichtbares. Der dienstbare Geist im gedeckten Anzug, der die drei noch eingelassen hatte, war nicht mehr aufzutreiben. Die drei verabschiedeten sich schulterzuckend kurz nach Mitternacht auf ihre Zimmer. Zwei von ihnen kamen doch noch auf den Trichter. Was aussah wie ein Bücherregal, war ein nach oben geklapptes Bett, das man mit einem Haken herunterziehen konnte. Der Dritte fand die Lösung nicht und schlief auf dem Boden vor dem offenen Kamin – für 600 Francs eine ziemlich unkommode Nacht. Und das Ganze auch noch ohne Frühstück.

Wie gesagt: Unter arbeitsrechtlichen Gesichtspunkten ist die Tour de France für Journalisten eigentlich ein absolutes No-Go. Dazu kommt, dass man als Begleiter mit Stift und Laptop einen, sagen wir mal, steigerungsfähigen Ruf genießt. Ein ordentlicher Journalist raucht und trinkt, denkt man wohl bei der Tour. Dass mit dem Rauchen ist schon lange Geschichte; die paar Hansel, die aktuell noch vor dem Pressezentrum quarzen, fallen kaum auf. Früher brauchte man in den Arbeitsräumen der Journalisten Nebelscheinwerfer. Alkohol gibt es zwar sicher noch, aber auch deutlich reduzierter als früher. Deshalb war es schon ein wenig verwunderlich, als die Tour vor einigen Jahren bei Ausgabe der Akkreditierungen jedem drei Alkohol-Teströhrchen in die Hand drückte, getreu dem Motto: Bevor ihr am Morgen losdüst, blast doch lieber mal rein. Ob das jemals einer gemacht hat, weiß man nicht. Aber heute sind die Röhrchen längst wieder Geschichte.

Alle sehen das Rennen – nur der Livereporter der ARD nicht

Florian Naß, der für die ARD seit 1997 die Tour begleitet und damit auch in kitzligen Situationen genug Ruhe und Routine mitbringt, hätte bei der zweiten Etappe der Tour 2015 sicher auch ein Schlückchen zur Beruhigung brauchen können. Die Etappe führte bei fürchterlichem Regenwetter mit Blitz und Donner nach Neeltje Jans, zum Oosterschelde-Sturmflut-Wehr in der niederländischen Provinz Zeeland. Dort saß Naß auf seinem Platz im Zielbereich, als ein Blitz die Elektrik der Kommentatoren-Tribüne komplett lahmlegte. „Alle Bildschirme waren schwarz, die Kommandoverbindung zum Übertragungswagen unterbrochen. Nichts ging mehr", erinnert er sich. Nur das Mobiltelefon war noch brauchbar, und das klingelte natürlich auch sofort. Am anderen Ende war der Tontechniker vom Saarländischen Rundfunk. Der sagte zu Naß, er solle einfach weiter kommentieren, man sei live auf Sendung. Und so sprach Naß 15 Minuten über ein Rennen, das er nicht sehen konnte und von dem er die einzigen Infos ebenfalls via Telefon aus Saarbrücken ins Ohr bekam. Und das Ganze im Unwetter. „Das war natürlich wie ein Blindflug, aber es hat rückblickend auch großen Spaß gemacht, denn damit rechnet man heutzutage nicht mehr", sagt Naß, für den die Tour de France das letzte große Fernsehabenteuer der Sportübertragungen ist. Als am Ende des Tages André Greipel den Sprint gewann, war der Schaden aber wieder behoben.

Wenn Journalisten Rennen fahren

Vorbei ist leider – oder zum Glück (je nach Form) – auch die Zeit, in der Journalisten während der Tour selbst noch Radrennen fuhren. Das war zum Beispiel 1992 der Fall. Die Tour hatte einen Ruhetag vor den Alpen, in Dole, und die *L'Équipe* schrieb ein Vierer-Mannschaftszeitfahren rund um die Stadt für die Presse aus. Am Start waren dabei auch Teams der *L'Équipe*, die mit ehemaligen Profis bis hin zu Toursiegern gespickt waren, die alle nach ihrer Karriere Kolumnen für die Sportzeitung schrieben. Auch wir deutschen Journalisten nominierten zwei Teams. Ich selbst war in einem, das ein wenig seltsam daherkam. Weiße T-Shirts statt Trikots (wer hat die schon dabei als Journalist bei der Tour?), geliehene Fahrräder, dem Kollegen von der dpa band man die Sportschuhe mangels Klickverbindung mit Paketschnur ans Pedal. Kurzum, ein recht armseliges Bild, das noch dadurch verstärkt wurde, dass ich nach zwei von 16 Kilometern schon so platt war, dass ich für die anderen zum Hemmschuh wurde. Es war mir jedenfalls schnell klar, dass Journalisten besser das tun sollten, was sie gut können. Nun ja, gewonnen haben wir nicht, höchstens an Erfahrung. Ich hatte vor dem Start noch einen Platten und in der Eile den Mantel mit dem (einzigen) Autoschlüssel abgezogen, der dabei abbrach. Autoschlüssel kann man normalerweise nicht nachmachen lassen, aber als ich hechelnd durchs Ziel fuhr, stand schon ein Kollege am Rand und wedelte mit einem neuen Schlüssel. Für die Tour, meinte er, machen die hier alles. Und so soll es auch sein. Ende gut, alles gut.

Es war mir jedenfalls schnell klar, dass Journalisten besser das tun sollten, was sie gut können.

Finale

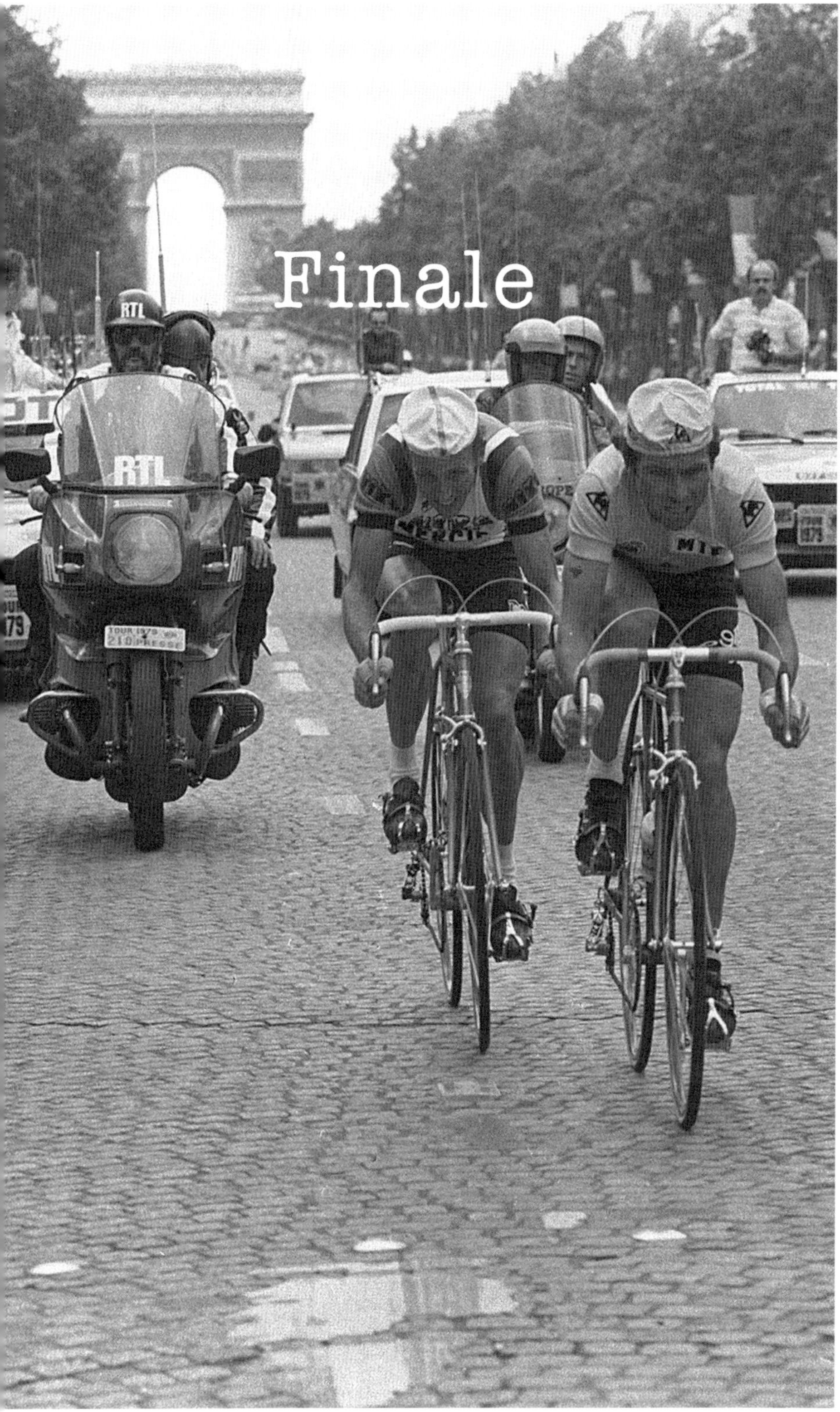

Paris, der letzte Sonntag im Juli. Die Tour kommt, finales Schaulaufen auf der Avenue des Champs-Élysées, wie der prächtige Boulevard ganz offiziell heißt. Wer es als Teilnehmer bis hierher schafft, gehört zu den Gewinnern, egal, ob er nun im Gelben Trikot oder als 78. das Ziel erreicht. Die drei Wochen zuvor haben bestimmt fünfmal versucht, jeden einzelnen Profi auszuspucken. Fast keiner kommt durch ohne einen „jour sans“, wie man hier sagt, also einen Tag, der dich ans Limit bringt. Und manchmal auch darüber hinaus. Oft sind es auch mehr, aber das ist auf der 21. und letzten Etappe vergessen. Die Tour feiert ihr Finale übrigens erst seit 1975 zwischen Triumphbogen und Place de la Concorde. Von der Frühzeit der Tour bis 1967 endete das Rennen meist auf der 666 Meter langen Betonpiste im Stade Vélodrom im Prinzenpark. Das erste Finale auf den Champs-Élysées gewann 1975 der Belgier Walter Godefroot, später dann lange Jahre Sportlicher Leiter beim deutschen Team Telekom. Aber auch der Premierensieger dürfte damals zuallererst froh darüber gewesen sein, dass er die Tour geschafft hatte. Rolf Aldag erzählt zur Ankunft in Paris eine kuriose Anekdote. Als er 1997 im Telekom-Trikot an die Seine rollte, war er Mitglied des Teams des Jahres. Jan Ullrich hatte die Tour gewonnen, Erik Zabel kam im Grünen Trikot des besten Sprinters nach Paris, zudem hatte Team Telekom die Mannschaftswertung mit mehr als einer halben Stunde Vorsprung gewonnen – mehr geht schlicht nicht. Aber wenn Aldag sich an diesen Tag zurückerinnert, dann ist da vor allem eines ganz präsent – nämlich nichts. „Ich schaue mir das Foto an, wie wir da als Mannschaft auf dem Podest stehen, und ich kann mich einfach nicht mehr daran erinnern“, sagt er. So ist es eben, wenn der Stress plötzlich von den Fahrern abfällt. Geschafft, vorbei, im Ziel. Der Akku ist dann einfach leer, und zwar komplett.

Auf dem Kopfsteinpflaster der Champs-Élysées lag übrigens lange Jahre so etwas wie ein Fluch für deutsche Profis. Bis 1992 Olaf Ludwig aus Gera im Trikot des niederländischen Teams Panasonic für den ersten Erfolg eines Deutschen auf dem Prachtboulevard sorgte.

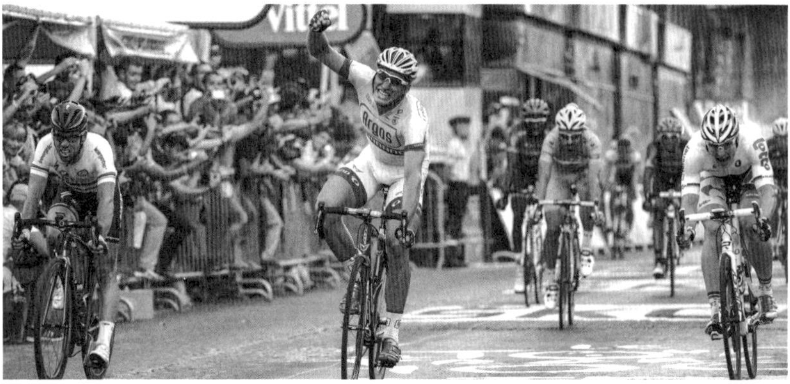

Marcel Kittel gewinnt 2013 den finalen Sprint auf den Champs-Élysées vor André Greipel (rechts) und Mark Cavendish.

Nach Ludwig mühte sich von 1995 an Erik Zabel viele Male in Paris – allerdings ohne den ganz großen Erfolg, obwohl er sechsmal als Gesamtsieger der Sprintwertung im Grünen Trikot ins Finale ging. Trotzdem war mindestens einer immer schneller. Bis 2013 dann Marcel Kittel kam. Zur Feier der 100. Auflage des Rennens seit 1903 hatte man das Finale in die Abendstunden gelegt und den Boulevard prächtig ausgeleuchtet. Alles war wie angerichtet für Mark Cavendish, der seit 2009 viermal nacheinander triumphiert hatte – und dann knallen plötzlich zwei Deutsche an dem Briten vorbei. Marcel Kittel raste auf die Eins, André Greipel lag nur knapp dahinter. Danach folgten noch drei weitere Jahre, in denen auf den Champs-Élysées Deutsch gesprochen wurde. 2014 war es noch einmal Marcel Kittel, dann folgte zweimal André Greipel. Von der nicht zu knackenden Bastion zum Heimspiel – das gibt es auch nicht oft, und Marcel Kittel bekommt heute noch eine Gänsehaut, wenn er daran denkt. „Das war schon ein ganz besonderer Tag", sagt er. Wohl wahr; Paris sehen und siegen gehört schließlich zum Größten, was im Radsport zu erreichen ist. Der Tag hatte für Kittel nur einen kleinen Schönheitsfehler: Für den Sieg gab es auch eine Glasskulptur. „Normalerweise sind solche Trophäen nicht besonders schön“, sagt Kittel, „aber die hat mir schon gut gefallen. Leider hat sie die Siegesfeier im Teambus nicht überlebt.“ Wenn nach drei Wochen Tour der Druck abfällt, kann es schon mal turbulent werden. Am Ende hatte er nur noch eine Tüte mit Scherben statt einer Skulptur.

Eigentlich sind die Champs-Élysées ja das Pflaster der Sprinter, aber einmal hat es sich auch das Gelbe Trikot nicht nehmen lassen, die letzte Etappe zu gewinnen. Wer das war? Da drängt sich natürlich Eddy Merckx auf, „der Kannibale“, der jedes Rennen gewinnen wollte. Immer. Es war aber Bernard Hinault, der 1979 eine Flucht erfolgreich in Paris abschloss und gut zwei Minuten vor dem Feld im Gelben Trikot über die Ziellinie raste. Sieger der Tour, Sieger in Paris. Den Sprint der Verfolger gewann damals Dietrich Thurau.

In Paris endet der Druck aber nicht nur für die Rennfahrer. Auch die Begleiter sind froh, es wieder einmal geschafft zu haben. Endlich mal wieder mehr als maximal sechs Stunden Schlaf, endlich mal wieder zu normalen Zeiten essen und nicht im Schnitt drei Stunden am Tag im Stau stehen. Nicht wenige fahren mit dem Vorsatz nach Hause, dass sie sich die Tour dieses Mal wirklich zum letzten Mal angetan haben. Aber wie es so ist mit den guten Vorsätzen – nach spätestens zwei Monaten ist alles vergessen und die Faszination des Rennens, die kuriosen Momente und das Erleben großer Leistungen drängen sich wieder in den Vordergrund. Natürlich hat die Dopingkrake an dieser Faszination genagt, aber auch sie bringt sie nicht um. Wer einmal den verzweifelten Kampf eines Profis gegen das Zeitlimit oder seine eigenen Grenzen erlebt hat, der spürt, dass der Radsport und die Tour immer noch mehr sind als ein seelenloses Kräftemessen von pharmazeutisch optimierten Monstern – die es allerdings auch gibt. Leider. Es sind aber diese anderen Momente der Tour, die haften bleiben und einen im nächsten Jahr Ende Juni dann wieder die Tasche packen lassen.

Mal sehen, welche kuriosen Geschichten dann wieder auf und neben der Straße warten.

Bibliografische Information der Deutschen Nationalbibliothek
Die Deutsche Nationalbibliothek verzeichnet diese Publikation in der Deutschen Nationalbibliografie; detaillierte bibliografische Daten sind im Internet über http://dnb.dnb.de abrufbar.

5. Auflage
ISBN 978-3-667-11684-0

Lektorat: Klaus Bartelt, Stephanie Jaeschke
Fotos: Umschlag: © INTERFOTO, Mary Evans;
alle weiteren Fotos: Witters/Pressesports
Umschlaggestaltung: Felix Kempf, www.fx68.de
Satz: Axel Gerber
Lithografie: Mohn Media, Gütersloh
Druck: Pustet, Regensburg
Printed in Germany 2026

Delius Klasing Verlag GmbH, Siekerwall 21, D - 33602 Bielefeld
Tel.: 0521/559-0
E-Mail: info@delius-klasing.de
www.delius-klasing.de